octobre 2021

UNE MÉMOIRE INFAILLIBLE

SÉBASTIEN MARTINEZ
AVEC ÉLISA WENGER

UNE MÉMOIRE INFAILLIBLE

BRILLER EN SOCIÉTÉ SANS SORTIR SON SMARTPHONE

Illustrations de Sidonie Mangin

PREMIER PARALLÈLE

Carte : © Aurélie Boissière (www.boiteacartes.fr).

© Premier Parallèle, 2016.
ISBN : 978-2-253-18805-6 – 1re publication LGF

PRÉFACE

Louis-Napoléon Bonaparte, Thiers, Mac-Mahon, Grévy, Carnot, Casimir-Perier, Faure, Loubet, Fallières, Poincaré... Voici, dans l'ordre chronologique, les noms des premiers présidents de la République que Sébastien Martinez a réussi à nous faire mémoriser en moins de quinze minutes sur une place de Tolède. Nous, c'est Adriana Karembeu et moi, pour *Les Pouvoirs extraordinaires du corps humain*, une série documentaire grâce à laquelle nous l'avons rencontré.

Et en ce qui me concerne, je peux vous le dire, c'est un exploit ! C'est tout juste si je n'ai pas accolé au miroir de ma salle de bains un petit mot avec mon nom, pour ne pas l'oublier.

Alors, vous pensez bien qu'avec cette mémoire de poisson rouge qui regarde son aquarium en se demandant pourquoi il n'arrive pas à trouver la sortie, Sébastien m'a rassuré.

Il m'a rassuré comme il vous rassurera, car je suis certain que vous êtes nombreux à vous demander où vous avez bien pu poser le livre que vous tenez dans les mains !...

Car oui, nous sommes tous capables, avec de la concentration et de l'entraînement, de réveiller notre hippocampe.

Ah! ce fameux hippocampe, ce petit morceau de cerveau dans lequel nous allons chercher nos souvenirs... Ces quelques neurones qui nous dépriment quand nous ne retrouvons pas le code de notre carte bancaire... qui n'a pas changé depuis quinze ans...

Lors de notre rencontre, Sébastien, tel un bon psy, a su me faire comprendre que nous étions tous capables de mémoriser comme il le fait.

Passé le moment où je me suis dit que c'était comme si Usain Bolt me déclarait que nous étions tous capables de courir, j'ai écouté, appris, et finalement mémorisé sans aucun effort cette liste de présidents dont, pour certains, j'ignorais même l'existence.

De la méthode. Rien que de la méthode et vous verrez que vous serez stupéfait par votre capacité de mémorisation.

Alors, certes, vous, comme moi, ne serez probablement pas capables de participer aux championnats du monde de la mémoire... Mais avouez qu'il serait très indélicat de votre part de chercher à concurrencer celui grâce à qui vous n'oublierez plus jamais la date d'anniversaire de votre conjoint(e).

Et si un jour vous vous inquiétez parce qu'un méchant trou de mémoire vous a sauté dessus,

PRÉFACE

dites-vous, comme Nietzsche, que «l'avantage de la mauvaise mémoire est qu'on jouit plusieurs fois des mêmes choses pour la première fois».

Michel Cymes, avril 2016

INTRODUCTION

« Orge, ouvre-toi ! » cria Cassim, les bras chargés des trésors trouvés dans la grotte dont son beau-frère Ali Baba lui avait indiqué le chemin. Devant lui, la porte restait close. Il était enfermé. « Seigle, ouvre-toi ! » Toujours rien. « Millet, ouvre-toi ! » En vain. Quelle était la formule magique qui lui avait permis d'entrer quelques minutes plus tôt ? Il fallait prononcer le nom d'une céréale, ça, il en était certain... Mais laquelle ? Comment diable pouvait-il ne plus s'en souvenir ? Il tenta plusieurs noms, sans succès.

Cassim ne mourut pas d'inanition, sans autres vivres que de l'or et des bijoux. Son sort n'en fut pas pour autant moins funeste : les quarante voleurs, qui, eux, n'avaient pas oublié ce qu'on appellerait aujourd'hui un code, pénétrèrent dans l'antre secret et le tranchèrent, d'un coup d'un seul, en deux morceaux. Ah ! si seulement Cassim avait connu les bonnes méthodes mnémotechniques... L'histoire de la littérature en eût été changée.

Réjouissez-vous ! Vous qui tenez ce livre entre vos mains ne risquez pas de connaître un destin similaire. Car, en le refermant, votre mémoire vous appartiendra. Fini les trépignements devant une porte cochère, l'air benêt devant un terminal de carte bleue, les interminables hésitations devant un visage connu – mais comment s'appelle cette personne ? Terminé les blancs devant une question de culture générale fondamentale, les tours et détours dans les mêmes rues parce qu'on ne sait plus si c'est « à gauche au carrefour après le feu » ou « à gauche après le feu à droite, au carrefour ».

Enfin... Terminé à condition de s'en donner les moyens. Ce livre n'est pas l'équivalent d'un « sésame, ouvre-toi ». Autant vous avertir tout de suite : il n'est pas en lien direct avec votre cerveau et n'y projette pas de nouvelles connexions neuronales par la simple force de l'incantation. C'est à la fois une mauvaise et une bonne nouvelle. Mauvaise, parce qu'il va falloir travailler un peu. Bonne, parce que vous avez l'infini devant vous. Et parce que les exercices proposés sont loin d'être barbants — au contraire.

Ornicar, le retour

De l'art de mémoire, vous connaissez probablement : « Mais ou et donc Ornicar ? » Malgré le nombre de fois où cette question a été posée, Ornicar n'a jamais montré le bout de son nez, et

INTRODUCTION

des générations d'écoliers se demandent toujours à quoi il peut bien ressembler. Grâce à lui, nous connaissons en revanche nos conjonctions de coordination sur le bout des doigts. C'est qu'il est la star des moyens mnémotechniques. Son nom générique ? Concaténation.

La concaténation, seule méthode mnémotechnique enseignée à l'école, est fondée sur le principe du «mot-sur-le-bout-de-la-langue». Il suffit en effet souvent d'une syllabe, voire d'une lettre, pour qu'un terme que l'on croyait envolé nous revienne – à condition bien sûr que le mot ne nous soit pas tout à fait étranger. L'acronyme consiste ainsi à prendre la première lettre d'une suite de mots pour en créer un autre, facilement prononçable. Pour retenir les pays limitrophes de la France métropolitaine, il suffit de mémoriser ISABELA : Italie, Suisse, Allemagne, Belgique, Espagne, Luxembourg, Andorre (et Monaco). HOMES fait le tour des Grands Lacs d'Amérique du Nord : Huron, Ontario, Michigan, Érié, Supérieur. Le principe se décline facilement : «Mostapha ! J'attends la copie !» reprend les premières syllabes des Sept Merveilles du monde antique : **Mau**solée d'Halicarnasse, **sta**tue de Zeus à Olympie, **pha**re d'Alexandrie, **ja**rdins suspendus de Babylone, **tem**ple d'Artémis à Éphèse, **Co**losse de Rhodes, **py**ramides d'Égypte. On peut également s'amuser à mettre ensemble les premières lettres d'une phrase formée par les premières syllabes d'une liste (vous êtes toujours là?). Bref, les concaténations sont fort utiles, régressives, amusantes, mais limitées. Surtout, elles prennent un peu trop de place sur le tapis rouge : d'autres méthodes, bien plus élaborées et plus efficaces, attendent depuis des siècles qu'on leur fasse de la place sous les projecteurs.

Dans la tête du champion de France de la mémoire

Ces méthodes, méconnues du plus grand nombre, sont mises en pratique, aujourd'hui, par ce que l'on appelle les athlètes de la mémoire. Les athlètes de la mémoire ? Oui. Cela existe bel et bien. J'en suis même un. Tout a commencé pour moi en 2009, au cours de ma troisième année d'école d'ingénieur. J'étais persuadé, comme nombre d'entre nous, que j'étais incapable d'apprendre quoi que ce soit par cœur. J'avais une «mauvaise mémoire», que voulez-vous. Une tare génétique à laquelle je ne pourrais jamais remédier. C'est alors que je suis tombé, un peu par hasard, sur un livre de Tony Buzan[1] traitant de stratégies de mémorisation. J'ai d'abord essayé de retenir vingt mots.

---

1. Psychologue anglais, Tony Buzan est un des fondateurs des championnats du monde de la mémoire.

INTRODUCTION

J'en ai mémorisé cinq. En appliquant les conseils de l'auteur, j'en ai retenu vingt. Un sans-faute. Je n'en revenais pas. J'ai alors commencé à m'entraîner. Mes progrès étaient si impressionnants…

C'est à Londres, en 2014, que je me suis confronté pour la première fois à un championnat de mémoire. Jusqu'alors, je n'avais jamais rencontré que des personnes moins performantes que moi. Je suis arrivé confiant. Et j'ai compris mon erreur dès la fin de la première journée.

L'épreuve longue des cartes[1] octroie trente minutes pour retenir un maximum de paquets de 52 cartes, dans un ordre aléatoire : dame de pique, deux de cœur, valet de carreau, etc. Je ne m'étais jamais entraîné sur une si longue durée mais je m'étais dit, naïvement, que puisque je parvenais à mémoriser un paquet en deux minutes, je serais facilement capable d'en retenir huit en une demi-heure. Logique, non ? Eh bien, non. Les coureurs savent très bien qu'un marathon se prépare différemment d'un sprint. Il en est de même pour les coureurs mentaux.

J'avais présumé de mes capacités. D'autant plus que l'épreuve en question avait lieu en fin de journée. Après de longues heures à me concentrer sur des chiffres et des visages, j'étais à bout de souffle. Et deux à trois fois moins rapide que chez moi, au calme. Verdict : j'ai mémorisé seulement deux

---

1. Les épreuves des championnats sont détaillées au chapitre quatre.

paquets en trente minutes. Pour couronner le tout, en inversant deux cartes du second paquet. Or une erreur suffit à invalider le paquet. Soit un score officiel de cinquante-deux cartes ! Le même que celui que j'atteignais sans peine en deux minutes. Bref, un échec cuisant. Triste performance, mais bel enseignement. J'ai compris que mes aptitudes mnésiques étaient aussi bien liées au souffle, à l'endurance. Et qu'il me faudrait désormais m'entraîner dans des conditions plus exigeantes si je voulais progresser.

Je suis, depuis octobre 2015, champion de France de la mémoire. Mais c'est dans mon activité de pédagogue, formateur et conférencier que je puise mon énergie. Le plaisir de réveiller chez mes élèves le monsieur ou madame mémoire qui sommeille en eux est inestimable. Je n'aime rien tant que voir leur visage s'illuminer en découvrant que ce qui leur semblait insurmontable cinq minutes auparavant est non seulement facile, mais distrayant. Je ne pourrai pas voir votre visage s'éclairer. Mais je sais d'ores et déjà que ce sera le cas.

Notre cerveau, ce super-héros

Essayez de vous représenter votre mémoire. Je parle de la mémoire consciente, rationnelle, à laquelle nous faisons appel, en permanence, pour

INTRODUCTION

nous repérer dans le monde. La plupart d'entre nous imaginent un récipient vide, qu'un flux d'informations viendrait remplir. Certaines données entreraient par une oreille et, comme le déplore l'adage, ressortiraient par l'autre ; d'autres, plus vaillantes, s'agripperaient au rebord du récipient avant de s'y laisser glisser et d'y demeurer jusqu'à ce que d'autres informations les en chassent, faute de place. Autrement dit, nous pensons le plus souvent que notre mémoire est affaire de volume. C'est la raison pour laquelle nous ne serions pas infaillibles. Quand ça déborde, ça déborde.

À vrai dire, le fonctionnement de la mémoire est encore un mystère. Il existe plusieurs grilles d'explication. En tant qu'athlète et formateur en mémorisation, je sais par expérience que les stratégies que nous allons voir sont extrêmement efficaces, et ce depuis des millénaires, mais personne n'arrive encore à réunir théorie et pratique. Cela étant, une chose est sûre : l'analogie avec le récipient n'est pas pertinente lorsque l'on parle de la mémoire à long terme, celle qui nous intéresse. Elle ressemblerait en effet davantage à une toile au développement exponentiel. Exit l'idée d'espace clos : nous ne sommes pas des disques durs (n'est-ce pas une bonne nouvelle ?). Notre cerveau est bien plus puissant qu'un alliage d'aluminium. Et pour cause : il est un super-héros. Une entité aux superpouvoirs que rien n'arrête. Rien, sauf son pire ennemi, le manque d'attention, contre lequel il faudra lutter.

UNE MÉMOIRE INFAILLIBLE

Représentez-vous plutôt un enfant riant aux éclats, joyeux et intrépide, sautant à pieds joints sur des ramifications créées par la seule force de son enthousiasme. Cet enfant, c'est votre mémoire en mouvement. Un petit être avide d'apprendre, toujours en alerte. Un bonhomme parfaitement déraisonnable, qui navigue entre réel et fiction. Un être ouvert, bienveillant et tendu vers l'immensité du monde à découvrir. Un être qui, comme tous les enfants, ne sait apprendre qu'en s'amusant. En rendant les leçons mémorables, au sens propre. En créant des «indices de récupération», qui permettent de se souvenir, au bon moment, de l'information. La madeleine de Proust en est un exemple célèbre : «Quand d'un passé ancien rien ne subsiste, écrit l'auteur de *La Recherche*, après la mort des êtres, après la destruction des choses, seules, plus frêles mais plus vivaces, plus immatérielles, plus persistantes, plus fidèles, l'odeur et la saveur restent encore longtemps, comme des âmes, à se rappeler, à attendre, à espérer, sur la ruine de tout le reste, à porter sans fléchir, sur leur gouttelette presque impalpable, l'édifice immense du souvenir[1].»

Ce livre n'a qu'un objectif : vous donner rendez-vous avec ce petit être espiègle et le laisser vous prendre par la main.

---

1. Marcel Proust, *Du côté de chez Swann*, *À la recherche du temps perdu*, Gallimard, 1913.

INTRODUCTION

Vous avez passé l'âge de ce genre de fariboles ? Pas sûr. Mais je comprends que l'image soit déroutante. En fait, il faut penser la mémoire comme un petit film, non comme une figure statique, figée dans l'espace. Vous êtes-vous déjà demandé pourquoi ceux qui connaissent cinq langues en maîtrisent souvent six ? Pourquoi ceux qui en font déjà le plus trouvent le temps d'en faire encore davantage ? La réponse est enfantine : les informations n'aiment rien tant que les informations : elles s'accrochent entre elles. Autrement dit, plus vous apprenez, plus vous disposez de moyens d'apprendre. Si je vous dis « Gaborone », aucune raison que vous reteniez ce nom. Si je précise « Gaborone, capitale du Botswana », vous ne retiendrez la ville que si vous connaissez déjà le pays. Si je précise : « Botswana, pays au nord de l'Afrique du Sud », vous disposez du contexte nécessaire pour retenir l'information. Tout l'enjeu consiste donc à créer le plus de nouvelles connexions possible afin d'y « accrocher » de nouveaux éléments. Autrement dit, à agrandir la toile, car plus la toile est grande, plus les chemins pour se rendre d'un endroit à un autre sont nombreux.

Faire échouer la courbe de l'oubli

Dix-huit secondes, un peu plus si l'on parvient à fournir un effort de concentration extraordinaire. C'est la durée de ce que l'on appelle la mémoire à court terme. Le temps dont nous nous souvenons d'un numéro de téléphone en nous le répétant à la vitesse de l'éclair, jusqu'à ce qu'un bruit quelconque nous distraie un quinzième de seconde et nous fasse perdre le fil de la suite de chiffres. Personne n'y échappe. Nous sommes des machines à oublier. Dix-huit secondes et, selon les individus, entre cinq et neuf items, chiffres ou mots. Au-delà, tout disparaît.

Les ressorts narratifs de la volatilité de la mémoire n'ont pas échappé aux scénaristes de cinéma. Que les plus jeunes – jeunes enfants, jeunes parents ou jeunes grands-parents – se rappellent Dory, la charmante *paracanthurus hepatus*, soit ce «poisson chirurgien» bleu au cœur d'or dont l'incapacité à stocker les informations dans la mémoire à long terme rend Marin, le père de Nemo, dans le dessin animé éponyme, complètement fou. Difficile, en effet, de soutenir une conversation avec quelqu'un dont le cerveau est un courant d'air. D'autant plus que Dory ignore sa pathologie : il faudrait pour cela qu'elle se souvienne qu'elle oublie... On pense aussi au film

INTRODUCTION

Memento, réalisé par Christopher Nolan en 2000, dont le héros, Leonard, perd sa capacité à encoder les informations dans la mémoire à long terme lors d'une agression qui coûte la vie à sa femme. Magnifique matériau pour le thriller. À ses yeux, toute situation, depuis ce jour, est absolument nouvelle. Pour se diriger dans ce monde à jamais étranger, une seule solution : conserver des traces de toutes ces informations, chaque fois redécouvertes. En les tatouant sur son corps ou en les prenant en photo.

Sans mémoire à court terme, pas de mémoire à long terme possible. Sans notre capacité à encoder les informations dans la mémoire à long terme, dont le siège serait, dans notre cerveau, l'hippocampe, nous serions tous des Dory et des Leonard en puissance. Pour que l'information passe dans la mémoire à long terme – pour que les ramifications se solidifient –, elle doit avoir deux attributs : du sens et de l'éclat. Ensuite vient le temps de la consolidation, pour l'ancrer définitivement.

Reprenons, en quelques mots, les fondamentaux. On appelle mémoire à long terme plusieurs types de mémoires différentes. Voici les deux principales.

La mémoire non déclarative, tout d'abord, concerne presque essentiellement la mémoire procédurale : vous savez marcher, faire du vélo, et, sauf accident neurologique majeur, vous le saurez jusqu'à

UNE MÉMOIRE INFAILLIBLE

la fin de vos jours. Ce n'est pas cette mémoire, vous l'aurez compris, qui nous intéresse.

Ce que nous cherchons à développer ici concerne la mémoire déclarative. Or celle-ci désigne elle-même deux types d'expériences. La mémoire épisodique, en premier lieu, qui concerne les souvenirs que l'on peut reconstituer. Par exemple, vous vous souvenez de l'ours en peluche que vous avez reçu pour vos cinq ans et peut-être même du goût et de l'odeur du gâteau au chocolat tout droit sorti du four ce jour-là. Ou, plus proche, de la personne avec qui vous avez déjeuné la veille. C'est la mémoire à laquelle fait appel le héros du film *Slumdog Millionnaire*, un jeune Indien qui concourt à un jeu télévisé. Chaque question éveille en lui un souvenir précis lié à sa propre vie – ainsi, lorsque le présentateur demande à Jamal, le héros du film, qui a grandi dans un bidonville de Bombay, quel célèbre homme d'État américain figure sur les billets de cent dollars, il fait appel à un souvenir émotionnel : le jour où ce fameux billet lui a permis de retrouver sa bien-aimée, Latika. L'art de mémoire consiste en partie à encoder l'information en utilisant, dans un premier temps, la mémoire épisodique afin de créer des souvenirs «artificiels». La mémoire sémantique, elle, désigne tout contenu dont on peut dire : «Je sais, mais je ne sais pas pourquoi je le sais.» Vous savez que Paris est la capitale de la France. Qu'une table est une table. Pourtant, vous seriez bien en peine de

INTRODUCTION

dire dans quel contexte vous l'avez appris. Cela fait partie des murs porteurs de votre mémoire, consolidés au fil des répétitions.

Comment, avec des briques qui partent naturellement en fumée au bout de dix-huit secondes, construire de solides fondations ? En leur donnant le sens et l'éclat dont nous parlions. En créant, temporairement, de faux souvenirs pour que les vrais puissent s'implanter. Et alors, mais seulement alors, en répétant. Non de manière mécanique, en psalmodiant des énoncés jusqu'à la confusion, mais en conscience, quelques fois seulement, selon des règles précises, de sorte que ces énoncés, dont la suite vous paraîtra alors logique, puissent passer dans la mémoire à long terme. Dans un an ou deux, lorsque l'on vous dira « Gaborone », vous visualiserez tout de suite le dessin du Botswana, les pays limitrophes – probablement en vous rappelant la situation, bien précise, dans laquelle vous lisez cette introduction, à ce moment précis : dans votre fauteuil, sur votre lit, en plein air, dans un bus ?

Je le répète : il ne s'agit pas d'une gélule miracle, mais d'une méthode de travail. Vous n'échapperez pas à la nécessité d'y consacrer un peu de temps. Beaucoup moins, cependant, qu'en ignorant ces techniques. Ce que je vais vous délivrer, ce sont des outils, non des solutions. Des clés avec lesquelles vous ouvrirez toutes les portes à condition que vous vous déplaciez jusqu'à elles. Elles vous serviront toute votre vie. Grâce à elles, plus jamais vous ne vous direz « je n'en suis pas capable ». Peut-être juste, parfois, « je préfère consacrer mon temps à autre chose ». Après tout, ce n'est pas parce que l'on peut tout apprendre que l'on doit le faire. Mais quel plaisir de poser soi-même ses limites... Au début, vous souffrirez sans doute d'un mal bien connu parmi les mnémonistes : vous voudrez tout retenir. Mais rapidement, vous réaliserez que si cette ambition n'est pas folle en soi, elle se heurte au principe de réalité : la vie est courte ! Et, comme nous tous, vous apprendrez alors à sélectionner les informations dont vous avez véritablement besoin, qui structurent un raisonnement, une suite d'informations, etc. Il n'est pas nécessaire de tout mémoriser. En concentrant ses efforts sur quelques points clés, on obtient déjà ce que d'aucuns appellent des miracles. Rappelez-vous que nous avons, à tout âge, la capacité de créer de nouvelles connexions neuronales, et même de nouveaux neurones...

Les méthodes de mémorisation sont ici déclinées en listes d'exemples. Ces exemples sont les miens. Ils résonnent dans mon propre imaginaire. Je vous invite à vous les approprier, en fonction de votre propre personnalité et de vos connaissances. Au fil des exercices, ce sont vos propres images que vous allez solliciter.

Comme Alice s'endormant à l'ombre du grand arbre, vous vous apprêtez à pénétrer dans un

INTRODUCTION

monde merveilleux et fantasmagorique. Vous voyez cet enfant, pas plus grand que trois pouces, qui grimpe sur vos cuisses et vous prend la main en riant ?

Laissez-le faire. À tout à l'heure.

CHAPITRE 1

La méthode du SEL

Mise en bouche

Les pages qui vont suivre vous mettront souvent dans des situations inédites. On a rarement, après tout, l'occasion de décliner l'identité des Prix Nobel de littérature français ou de réciter la liste des plus hauts sommets du monde. Mais qui peut le plus peut le moins, et une mémoire un peu entraînée s'ennuie très vite. À vous de la nourrir de ce que bon vous semblera : listes de courses, numéros de téléphone, poèmes aimés, arbre généalogique de votre belle-famille et, pourquoi pas, formules mathématiques. Vous allez voir, ça devient vite un jeu, si ce n'est une habitude. Même pour ceux qui n'en ont pas fait leur métier, comme moi. Chaque jour regorge d'occasions de s'entraîner.

UNE MÉMOIRE INFAILLIBLE

Prenons les vingt mots suivants. Des mots du quotidien, que nous avons tous déjà utilisés des milliers de fois. Des mots simples, banals, connus depuis toujours.

Lisez-les, tranquillement, mais une seule fois, sans utiliser de stratégie de mémorisation – du moins consciente. Comme je ne voudrais pas vous saper immédiatement le moral, je vous autorise à vous munir dès à présent d'un crayon pour ne pas perdre un temps inutile à retourner votre sac (et à laisser s'enfuir les mots au profit de « stylo, crayon, poche avant, agenda, dentiste, rendez-vous, paquet de mouchoirs », autant de mots qui chasseraient les autres de votre esprit).

Prêt ? Partez !

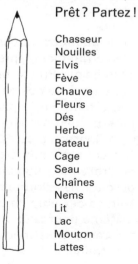

Chasseur
Nouilles
Elvis
Fève
Chauve
Fleurs
Dés
Herbe
Bateau
Cage
Seau
Chaînes
Nems
Lit
Lac
Mouton
Lattes

LA MÉTHODE DU SEL

Camp
Nappe
Fumée

Non, non, ne les relisez pas. En revanche, écrivez-les, là, tout de suite, avant qu'ils ne s'échappent. Nous vous avons réservé un petit espace :

Verdict ? Je parie que vous avez retenu entre cinq et neuf mots. Comme tout le monde. Comme moi lorsque je ne mets pas à profit mes techniques de mémorisation. Cette sensation d'en avoir encore le goût sur le bout de la langue... Épouvantablement rageante.

La raison de cet échec est simple : vous avez utilisé votre mémoire à court terme. Personne ne dépasse ce score naturellement. Vous avez réussi ? C'est que vous avez utilisé, sans le savoir, une stratégie de mémorisation. Même si c'est la première fois que vous entendez parler de «stratégie de mémorisation». Si vous relisez l'énoncé de l'exercice, vous verrez que j'ai précisé « du moins consciente ». Pourquoi cette précaution ? Parce que la technique que je vais vous exposer à présent, qui est un peu le b.a.-ba du mnémoniste, ne fait que révéler et formaliser ce que l'on fait tous, spontanément, pour mémoriser des informations qui nous intéressent. Si donc vous avez retenu plus de neuf items, c'est que vous avez appliqué, sans le savoir, la méthode suivante.

Sens, enfance, lien : un peu de SEL sur vos neurones ?

Cette mémoire à court terme, si décevante, mettons-la de côté. Elle est fort utile pour composer un numéro sans avoir à le noter (et encore, combien de fois doit-on se le répéter mentalement pour y parvenir ?), mais sa portée est tout de même très limitée. Disons qu'elle est un sas incontournable, comme le pédiluve de la piscine. On voudrait tout de suite plonger dans le grand bain, mais il faut bien en passer par là.

Pour y arriver, il existe trois grands types de stratégies; autant de chemins qui mènent au même endroit.

La première consiste à classer. Elle est souvent nécessaire – pour comprendre –, mais non suffisante. La deuxième, à répéter. Elle a fait ses preuves, mais en a épuisé plus d'un. La troisième, à donner du sens à une suite qui, a priori, n'en a pas.

On peut être très bon dans chacune de ces stratégies. L'idéal est d'ailleurs d'associer les trois. Malheureusement, notre société valorise exclusivement les deux premiers chemins. Je vous invite à les laisser de côté (nous y reviendrons plus tard) pour nous focaliser sur le troisième. Si vous tentez le coup, je vous promets que, dans dix minutes montre en main, non seulement vous connaîtrez les vingt items qui vous ont donné tant de fil à retordre, mais vous serez capable de les réciter à l'endroit et à l'envers.

Pour ce faire, il nous faut nous munir d'un ingrédient magique : le SEL.

«S» comme Sens

Faire appel à ses cinq sens. Commençons par la première lettre. Le «S», donc. S, comme sens.

La nature nous a dotés de la technologie la plus sophistiquée et la plus précise au monde pour appréhender notre environnement. Profitons-en !

Fermez les yeux. Pensez à quelque chose qui s'est produit hier. Peu importe ce dont il s'agit. Prenez quelques instants et revivez-le. Que voyez-vous ? Un ciel bleu azur, la pluie battante, un plafond strié par la lumière ? Que ressentez-vous ? Une chaise dure, un canapé moelleux, une piqûre de moustique, un pull trop rêche, une main dans la vôtre ? Qu'entendez-vous ? Le flic-floc de l'averse, la voix d'un ami, les éclats d'une lointaine conversation, un oiseau qui chante ? Quelle odeur vient à vos narines ? Le parfum d'un gâteau, l'odeur de moisi d'un vieil immeuble ? Vous rappelez-vous une saveur ?

Ce souvenir sans importance, vous rendez-vous compte, désormais, de sa puissance ? En restituant votre souvenir « encodé » par vos cinq sens, vous lui avez redonné vie. C'est ainsi que, malgré nous, nous « encodons » des expériences dans notre mémoire. Cette capacité s'appelle la synesthésie. Et c'est précisément cette faculté que nous allons solliciter.

« E » comme Enfance

Avez-vous déjà essayé d'inventer une histoire ? Ne dites pas non. Souvenez-vous : vous excelliez à ce petit jeu, c'était il n'y a pas si longtemps... Quand vous étiez gamin. Si vous avez oublié, regardez les enfants autour de vous. Arrêtez-vous pour voir comment, par la magie de la volonté, ils transforment une porte en falaise; une cuillère, en lance-pierres; un bob, en coiffe de Robin des Bois; un mètre carré de moquette, en royaume. Le monde était alors infini. Eh bien, il est temps de reproduire ce genre de miracles. D'inventer une histoire.

Faites tomber les barrières de la bienséance. Dans le monde de l'imagination, rien n'est impossible, rien n'est mal vu. Tout est mémorable! Désormais, le monde est trop petit pour vous.

« L » comme Liens

Cette fois-ci, pensez aux dominos. Pour donner du sens aux choses, encore faut-il qu'elles se tiennent. Chaque item doit en appeler un autre sur le fil de la narration.

Mais voyons précisément comment ces trois astuces peuvent s'appliquer. Voici une autre liste. Cette fois-ci, inutile de sortir un crayon tout de suite. Quand vous l'aurez apprise, vous aurez tout votre temps pour la restituer. Elle ne s'envolera pas de sitôt. Suivez-moi.

Taureau, talon, panneau, châle, malle, vampire, cape, mine, muffin, ruche, neige, rame, muffin, mine, cape, lasso, navet, phare, tapis, cadeau.

Lu? Bon. Il est temps d'inventer une histoire. Il n'en existe pas de mauvaises à condition qu'elles soient bien saupoudrées de SEL. Voici celle que j'ai imaginée. Comme pour tous les exercices de ce livre, ce défi sera d'autant plus facile à relever que vous vous laisserez aller à votre propre fantaisie. Après tout, on peut faire mille choses avec un talon. Mille choses bien plus amusantes qu'arpenter le bitume.

Nous sommes dans la rue de votre choix – l'essentiel est que vous la visualisiez. Vous y êtes ? Là, devant vos yeux ébahis, un **taureau** porte une paire d'escarpins rouges à hauts **talons**, un peu trop grands ; l'une de ces chaussures glisse de son sabot et le talon part manifester en brandissant un **panneau** (dans ce monde, les talons sont fâchés, car dans ce monde, tout, absolument tout, est possible). Le panneau grelotte et enfile un **châle**. Ça tire un peu, car le châle est relié par un fil à une **malle**, de laquelle sort un **vampire**, affublé d'une grande **cape**. C'est une belle journée d'hiver (vous sentez le picotement du froid sur vos joues, l'air vivifiant dans vos poumons ?) sur laquelle souffle un léger vent. Pour s'abriter, le vampire soulève une trappe, apparue à ses pieds, et descend dans ce qui s'avère être une **mine**. Là, on ne récolte pas du charbon, mais des **muffins** très appétissants. Ils sont au miel : si on s'avance un peu, on tombe nez à nez avec les abeilles de la **ruche** qui le fabriquent. Le maître des lieux a une recette magique : pour que le miel soit plus savoureux, il saupoudre les ruches de **neige**. Lorsque l'heure est venue de la retirer, on tape avec une **rame**, tenue par un

muffin géant (oui, car les muffins, une fois cultivés, s'émancipent très vite !). Son travail achevé, ce muffin rentre chez lui, dans une autre **mine**, où il vit avec Superman, lequel l'attend, à table, avec sa **cape** (car les vampires n'ont pas l'apanage des capes). Mais ce jour-là, Superman est déprimé : il n'en peut plus d'être Superman. Il a décidé de se reconvertir en cow-boy et montre son nouveau **lasso** au muffin. Comme il est en phase de formation, il n'attrape pas des vachettes, mais des **navets** géants. Ces navets sont dans un champ éclairé par un **phare**, comme sur une côte bretonne. Le gardien du phare est un **tapis**, affairé à empaqueter des **cadeaux** pour Noël.

Merci de m'avoir suivi jusqu'ici – je comprends que vous soyez un peu déconcerté. Reprenez votre souffle, si vous le voulez bien, et faites-moi encore un peu confiance. Relisez rapidement cette histoire, en la rendant la plus vivante possible. Pensez à l'air dépité de Superman, à bout de nerfs : toutes ces responsabilités, c'est trop pour un seul homme ! Laissez entrer le parfum mielleux du muffin dans vos narines. Détournez les yeux devant la lumière aveuglante du phare. Le tout, dans l'ordre. Vous y êtes ? Fermez les yeux, répétez l'histoire une fois puis sortez votre crayon.

C'est à vous :

Et à l'envers ?

Je crois qu'il est temps de vous dire bravo. Et, pour vous, de m'accorder votre confiance. Vous le découvrirez plus tard, vous n'avez pas seulement retenu une liste arbitraire de mots dénués de sens, mais une série de chiffres : les premières décimales de pi. Nous y reviendrons en temps voulu. Ensemble, nous allons plonger dans les eaux immenses de la mémoire à long terme.

Avant de passer à l'étape suivante, un petit exercice, très simple, pour ancrer ce que vous venez d'apprendre.

Les planètes du système solaire

Soleil, Mercure, Vénus, Terre, Mars, Jupiter, Saturne, Uranus, Neptune. (Non, Pluton ne manque pas à l'appel : depuis 2006, l'Union astronomique internationale l'a classée dans les 5 planètes naines du système solaire, avec Cérès, Makémaké, Éris et Hauméa – mais rien ne vous interdit de prolonger l'exercice…)

Une **boule de feu** (le Soleil, point de départ de notre périple) court sur ses petites pattes, effrayée par sa propre chaleur. Elle trébuche et se fait mal au genou – un genou fin comme une allumette. Pour la soigner, une infirmière accourt et la badigeonne de **mercurochrome** (Mercure). C'est **une belle femme, à moitié nue** (Vénus). Mais lorsque l'on regarde sa blouse, on s'aperçoit qu'elle est sale, pleine de **terre**. En effet, elle n'est infirmière qu'à titre bénévole. Son métier, c'est agricultrice : elle cultive, dans de grands champs ensoleillés, des barres chocolatées qui ne poussent qu'à la fin de l'hiver, en **mars**. Ce champ est sous le coup d'un sort du perfide Zeus : lorsque vient le moment de la récolte, il faut les cueillir en **jupe** (Jupiter), dans le pli duquel on les fait tourner ; **ça tourne** (Saturne) dans tous les sens. On les range alors dans une urne. Cette urne contient de l'**uranium** (Uranus), ce qui contraint à la transporter très délicatement, par la mer. C'est **Neptune**, le dieu des océans, qui s'en charge sur son trident.

L'exercice vous paraît loufoque ? J'espère bien ! Il n'en est que plus efficace. Vous avez un mal fou à retenir 1075B, le code de l'immeuble d'un ami cher ? Imaginez Zidane (maillot numéro 10) grimper sur la tour Eiffel (Paris, 75) pour sauver un bébé. 7314A : un baril de pétrole (référence au choc pétrolier de 1973) se déverse sur deux amoureux en train de manger un gâteau décoré du mot « amour » (14, référence à la Saint-Valentin). Selon votre humeur, les scènes peuvent être drôles, tristes, romantiques... La méthode du SEL s'appuie sur votre imagination. Ne la bridez pas.

Mais comment faire pour apprendre des choses plus complexes ? Nous pouvons être amenés à traiter des données plus élaborées que des listes d'objets concrets, d'images ou de quelques chiffres. De fait, la portée de la méthode du SEL est limitée à ce qui est facilement appréhendable avec nos cinq sens. Nous allons voir maintenant comment passer à l'étape supérieure : ou pourquoi il faut toujours avoir du SEL dans son SAC...

CHAPITRE 2

La mémoire est dans le SAC

La méthode du SEL est au cœur de l'art de mémoire. Elle en est un maillon fondamental. Extrêmement performante pour mémoriser des éléments concrets, que l'on peut mettre en récit, elle l'est moins pour tout ce qui est abstrait, conceptuel.

Le plus souvent, cependant, nos trous de mémoire concernent des associations (l'auteur d'un livre, le nom d'un lieu, un visage qui ne renvoie à aucun prénom – « ça commence par un d, ou un t, ou un c, quelque chose comme ça... et après, il y a une voyelle... ou une consonne... enfin je crois... »). La plupart du temps, nous devons donner du sens à un mot en l'associant à un autre élément. Or ce lien nous paraît, de prime abord, parfaitement arbitraire. Comment retenir qu'untel est l'architecte de tel monument si nous n'avons jamais entendu parler ni de l'un ni de l'autre ? Comment savoir que telle molécule interagit avec telle autre si nous ignorons tout des principes de la chimie ? Je vous propose ici de créer un lien, une accroche narrative, de façon à associer les deux informations. Ce lien doit convoquer tous vos sens : vous l'aurez compris, la méthode dont il va être question ici est une déclinaison, plus avancée, de celle du SEL, dont elle repousse les limites. Car elle va vous permettre de retenir non plus seulement des choses, mais des idées, des notions.

Les perroquets au piquet

Permettez-moi, avant tout, d'insister sur un point. Les techniques de mémorisation exposées ici ne valent rien si le travail de compréhension n'a pas été fait en amont. S'il s'agit de répéter bêtement des consonnes et des voyelles, sans comprendre ce qu'elles signifient, nos chers oiseaux colorés en cage le font (presque) aussi bien que nous.

L'art de l'apprentissage est circulaire. D'abord, comprendre les enjeux, la façon dont les informations sont organisées, où elles mènent. Puis, en maîtriser le détail. La mémorisation fixe et renforce la compréhension. C'est dans ce double mouvement que réside le secret de l'apprentissage. Deux étapes auxquelles il faut adjoindre la motivation et l'ancrage, mais nous y reviendrons au chapitre six. Notre cerveau n'a rien d'une cuve que nous remplirions. Comme je vous le disais plus haut, il ressemble plutôt à une toile animée, perpétuellement mouvante. Vivante, en somme. En créant de nouvelles connexions, en enrichissant notre imaginaire, nous ouvrons de nouvelles perspectives. Toute chose apprise a le potentiel d'en faire apprendre mille autres. L'art de mémoire consiste à créer de nouveaux chemins, des indices de récupération qui permettent de retrouver l'accès aux connaissances que nous avions perdues de vue; ces chemins ouvrent eux-mêmes instantanément d'autres voies. C'est ce qui rend cette pratique immémoriale si fascinante : elle est non seulement extrêmement utile, je dirais même indispensable, mais elle épouse la forme de la pensée.

Revenons à nos abstractions. Comment associer une ville à un pays, un pays à une carte géographique, un os au dessin d'un squelette, un nom à un visage, un terme étranger à son équivalent français... ? La très grande majorité des élèves que j'accompagne ne connaissent qu'une stratégie de mémorisation : le matraquage. Cela consiste en un mouvement bien rodé : regarder une feuille fixement, fermer les yeux et essayer de répéter ce que l'on a vu. De fait, au bout d'un moment, ça finit par rentrer. Comme les clous lorsqu'on leur tape dessus avec un marteau. Mais au prix de quel effort, de quel ennui ?

Voici donc venu le moment que vous attendiez tous, où nous révélons comment connaître les capitales du monde sur le bout des doigts, retenir des schémas d'anatomie, des visages et des noms, apprendre une langue étrangère.

Ou presque. Un peu de patience. Commençons par le début. Pour placer les capitales sur une carte, encore faut-il savoir à quel pays elles se rattachent. Il s'agit donc de créer une première association, un premier «nœud narratif». Le savoir est dans le SAC.

Une stratégie en trois étapes

«S» comme Sélection

Avant toute chose, cela va de soi, il faut choisir les deux informations que l'on souhaite associer. Attention, il est probable que vouloir lier Moscou et Venise soit une fausse piste – à moins bien sûr que vous ne fassiez référence à un vieux James Bond. De toute façon, tout le monde sait que la tour de Pise est en Allemagne, et Moscou en

Espagne. Non ? Attendez... Passons. En revanche, qui sait que Minsk est la capitale de la Biélorussie ? Vous ? Pas la peine de frimer. Je suis certain qu'il vous a fallu réfléchir. Or notre objectif est d'associer deux noms aussi rapidement que vous le faites avec Paris et la France. Je décide donc, disposant de l'écrasante majorité des voix, de sélectionner « Minsk » et « Biélorussie ». Une affaire rondement menée.

« A » comme Association

Pour parvenir à cette association, je vous propose un petit détour par la « salière à mémoire », dont vous maîtrisez désormais le débit sur le bout des doigts : il s'agit de rendre familière une information qui vous est étrangère. Admettons que « Biélorussie » vous fasse penser à une « belle Russe » (c'est d'ailleurs un des autres noms de ce pays : la République de Belarus) – mais ce pourrait tout aussi bien être un « double Poutine » (bi-russie), un « double Gorbatchev » ou « Svetlana Alexievitch », auteure biélorusse. Quant à « Minsk », j'imagine spontanément (et le plus simple est de se fier aux images qui surgissent naturellement dans notre esprit) Minnie, la célèbre souris aux grandes oreilles et au serre-tête à pois, confortablement installée sur une « paire de skis » – mais on pourrait tout aussi bien imaginer un « pain de mie dévalant les pistes enneigées ». L'essentiel est de donner vie à ces personnages fantastiques en se les représentant le plus précisément possible, en faisant appel à ses cinq sens.

« C » comme Connexion

Une fois que l'on dispose de ces différents éléments, l'exercice consiste à créer une histoire entre les deux personnages inventés (j'appelle « personnages » des entités imaginaires construites par votre imagination galopante, quelles qu'elles soient), comme nous avons appris à le faire plus haut. Soit Minnie dévalant une piste de ski et achevant sa course sur une belle Russe qui bronzait tranquillement aux pieds des pistes. Ne pas oublier la caresse de la poudreuse (il fait un temps splendide et il a neigé toute la nuit), le froid qui pique le nez, le silence cotonneux de la montagne, ni bien sûr la légère odeur de monoï émanant de son visage et les cris de la serveuse accourant pour secourir sa cliente.

Visuellement, la méthode du SAC peut être représentée de la sorte :

LA MÉMOIRE EST DANS LE SAC

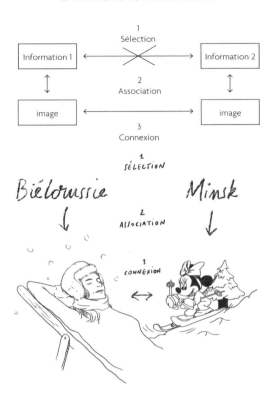

Mémoriser les capitales du monde

Poursuivons sur cette lancée. Car qui n'a jamais affirmé, avec aplomb, que Sydney était la capitale de l'Australie ? Qui n'a jamais tapoté discrètement sur son téléphone le nom, mal orthographié évidemment, de la ville dans laquelle cet événement si important, à tel point qu'il était sur toutes les lèvres, s'était produit? Qui n'a jamais pensé que tel pays donnait sur la mer Noire, quand il n'avait aucun littoral? Qui ne s'est jamais inquiété de sa santé mentale en réalisant qu'il ignorait les capitales de son propre continent? Tout ceci n'aurait pas tellement d'importance s'il ne s'agissait que de jouer les singes savants. Au-delà de la satisfaction, réelle, de n'avoir besoin d'aucun terminal électronique pour lire le journal, la maîtrise de la géographie est une porte ouverte sur le monde, passé et présent. Là où le sage désigne la lune, l'idiot regarde le doigt, dit l'adage. Là où le sage voit le monde s'animer, celui-qui-ignore-l'art-de-la-mémorisation tape frénétiquement sur son smartphone pour ne pas perdre le fil – mais il est déjà trop tard.

Selon l'ONU (dont vous pourrez bientôt citer les secrétaires généraux de mémoire), le monde compte 197 États reconnus. Nous nous concentrerons ici sur les pays européens, en commençant par les plus simples. À vous, ensuite, de créer vos propres connexions. Une fois la technique assimilée, rien de plus simple.

Albanie – Tirana

Fermez les yeux un instant. À quoi associez-vous immédiatement l'Albanie? Un bagnard? Un albinos?

« Al bagno », pour les italianisants ? Votre ami Alban ? Ou, non plus phonétiquement, mais sémantiquement – pour ceux qui, étrangement, connaîtraient le contexte sans connaître le nom du pays –, aux Balkans ? Au double aigle qui orne leur drapeau ? À l'écrivain Ismaël Kadaré ?

Quant à Tirana : vous représentez-vous, comme moi, un piranha ? Ou un tyran ?

Passons à la troisième étape : la connexion. Et voici que surgit la scène suivante : un bagnard à la mine patibulaire, vêtu d'une tenue rayée comme il se doit, chaînes aux pieds, avance (vous entendez le bruit des chaînes soulevant la terre battue ?) dans une ville de l'Ouest américain. Derrière, un saloon (je vois, pour ma part, immédiatement un strip de ces Lucky Luke avec lesquels j'ai passé tant d'après-midi dans mon enfance). Soudain, un piranha surgit d'une bouche d'égout (tant pis pour l'anachronisme), ce qui fait hurler notre prisonnier de frayeur. Son visage s'anime soudain : ses yeux s'écarquillent, sa bouche s'ouvre jusqu'à ses oreilles. Vous le voyez ? Vous l'entendez ?

Passons à la Finlande. Imaginons un bout de pays (la fin d'un « *land* ») ou une fille qui tire la langue. À moins qu'un fil attachant les pins des Landes vous parle davantage ? Helsinki : un évier au fond duquel se débat un diable (« *hell* » et « *sink* », en anglais) ou « elle, c'est qui ? ».

Reste à concevoir une petite scène vivante : deux hommes regardent une fille, laquelle, boudeuse, leur tire la langue; l'un des hommes, interloqué, interroge son compagnon : « Elle, c'est qui ? » (les personnages qui parcourent les couloirs mémoriels ne parlent pas toujours un français parfait, c'est ainsi).

Le Liechtenstein, maintenant : un litchi, par exemple ? Et sa capitale Vaduz : « Va doucement ! » Soit un enfant affamé qui épluche frénétiquement un sachet de litchis. « Va doucement ! » le gronde son père en passant derrière lui. Vous sentez le sucre du fruit ? Voyez les sourcils froncés du père, bienveillant, mais inquiet de la voracité de son fils ?

Ne vous pressez pas. Jouez ces saynètes dans votre tête. Si je vous dis « Finlande »... Et que j'ajoute cet indice : une langue... Une fille... ? Vous l'avez ? Et Biélorussie, Liechtenstein ?

Quelques écueils

Chaque étape est importante; il faut prendre le temps d'avancer pas à pas. Voici les trois raisons les plus courantes des premiers échecs.

Face au nom du pays, aucun indice ne surgit. Vous ne parvenez pas à lui associer d'image. Rassurez-vous; à force d'entraînement, les idées surgiront.

Le nom du pays vous fait penser à tout autre chose. Pour vous, la Finlande n'a rien à voir avec le Finistère, mais vous rappelle étrangement une camarade de CM2 qui venait de ce pays lointain et exotique. Excellente nouvelle ! Surtout, ne m'écoutez pas et emparez-vous de cet exemple surgi spontanément ; il sera bien plus pertinent pour vous.

Vous vous rappelez les associations, mais pas l'histoire inventée. Autrement dit, vous visualisez Minnie ou la jeune femme russe, mais vous ne savez vraiment plus ce qu'elles peuvent bien fabriquer ensemble. De fait, je vous comprends, ça ne va pas de soi. La solution : travailler sur votre capacité à convoquer vos cinq sens, la synesthésie, et vos émotions. Prenez, lors de la connexion, le temps de sentir, de voir, d'entendre, de goûter tous les détails de l'histoire fabuleuse que vous vous construisez... Vous pouvez aussi vous amuser à fabriquer des histoires en équipe, si vous trouvez des colistiers pour cette exploration mentale. Lors de mes formations, je constate que cela s'avère très efficace. Travailler à plusieurs stimule l'imagination.

Exercice n° 1

À vous de vous entraîner. Mettez votre chrono sur trois minutes et arrêtez-vous à la fin du temps imparti, même si vous n'avez pas fini.

Ci-dessous, six couples de pays et de capitales. Pour chacun d'entre eux, je vous propose une association possible. Il ne vous reste plus qu'à créer une histoire. Bien évidemment, si vous connaissez déjà la capitale du pays concerné, passez au couple suivant.

Macédoine : une macédoine de légumes ; Skopje (prononciation : Skopié) : des pieds dans un seau. À votre tour de créer une histoire.

Roumanie : une roue ; Bucarest : un bocal qui se fait arrêter.

Bulgarie : un bulldozer ; Sofia : mon amie Sophie ou un seau.

Croatie : un corbeau ; Zagreb : un repas du Maghreb (un couscous ?).

Monténégro : un gros nez de clown ; Podgorica : un gorille qui écoute un iPod.

Suède : un sauna ; Stockholm : un stock de Sherlock Holmes.

Les trois minutes sont écoulées ? Cachez la liste, et retrouvez les capitales de ces six pays : Bulgarie, Macédoine, Croatie, Suède, Monténégro, Roumanie.

C'était trop facile ? Certes. Je suis du même avis. Passons donc au niveau supérieur. La durée est la même. Mais cette fois, vous devez trouver l'association et la connexion narrative. Il est possible que vous n'ayez aucune inspiration pour certains pays. N'en faites pas une affaire d'État et passez à la suite. Commencez par le plus simple. L'imagination s'exerce comme un muscle ; avec un peu d'entraînement, des personnages et des connexions surgiront naturellement.

Malte ; La Valette
Moldavie ; Chisinau
Slovaquie ; Bratislava
Lettonie ; Riga
Lituanie ; Vilnius
Estonie ; Tallinn
Suisse ; Berne

Les trois minutes sont passées. Si je vous dis Malte, la Lituanie, la Slovaquie, l'Estonie, la Lettonie, la Moldavie, la Suisse… ?

Octroyez-vous un temps de révision en réactivant immédiatement les associations. Attention, ne relisez pas : ce serait une perte de temps.

Quelle est la capitale de l'Albanie ? Indice : Lucky Luke. Oui, le bagnard, le soleil qui tape, la sueur… Que fait-il ? Il avance… Et que se produit-il ?

Regardez uniquement les capitales ou les pays. Ensuite, retrouvez l'association, puis l'histoire, l'autre association et enfin l'information souhaitée. Il est, chaque fois, fondamental que vous preniez le temps de reconstruire les situations.

Pourquoi cette méthode fonctionne

Vous vous souvenez des deux grands types de mémoires, à court terme et à long terme. En prenant le temps d'imaginer, en faisant appel à la synesthésie, cette capacité à convoquer nos cinq sens, nous faisons passer l'information de l'une à l'autre. Pour être plus précis, il n'existe pas une seule mémoire à long terme. Celles qui nous intéressent ici sont la mémoire sémantique (je ne sais pas pourquoi, mais je sais, sans réfléchir, que Paris est la capitale de la France) et la mémoire épisodique, qui touche à nos souvenirs intimes. Ce sont elles qui sont concernées ici. En inventant une histoire, nous sollicitons notre mémoire épisodique. Qui a l'avantage d'être plus facile d'accès, mais moins fiable que la mémoire sémantique. C'est la raison pour laquelle il faudra toujours consolider l'apprentissage en révisant nos souvenirs. Nous allons ainsi renforcer les souvenirs artificiels et les faire passer, peu à peu, dans cette mémoire sémantique – le Graal. Le moment où, sans y penser, vous vous interrogerez en vous-même, en lavant la vaisselle et alors que le journaliste parlera de l'Albanie : « À quelle distance de Tirana cet événement se produit-il ? » Tout ça grâce à Lucky Luke !

Apprendre une langue étrangère

L'heure des aveux est arrivée : j'ai toujours été nul en anglais, cette langue que l'on dit à la fois indispensable et facile d'accès. Je voyais là une profonde injustice : les fées des langues étrangères ne s'étaient pas penchées sur mon berceau, voilà tout. Je n'avais pas les «facilités» de mes camarades. Il m'a fallu être au pied du mur pour réussir à m'y mettre. Je devais alors passer le TOEIC, une certification de mon niveau d'anglais, avant de partir m'installer en Inde pour une année d'études. J'avais trois mois devant moi. Trois mois à répéter quotidiennement du vocabulaire et à vivre, autant que possible, en anglais. À matraquer. Ça a marché, mais au prix d'un lourd sacrifice, d'une absence totale de plaisir et d'une efficacité réduite dans le temps. Une méthode que je ne vous conseille pas. Si j'avais su…

Que faut-il maîtriser pour apprendre une langue ? Les sons, soit notre capacité à les entendre et à les reproduire ; les règles grammaticales et de conjugaison ; enfin, le vocabulaire. Pour acquérir la première compétence, la répétition et le mimétisme sont incontournables. Pour la structure et le vocabulaire de la langue, il faut bien sûr comprendre. Puis les mémoriser – et c'est là que la stratégie du SAC est précieuse.

Le temps qu'il vous faudra investir dépendra de votre objectif. Consiste-t-il à préparer un voyage, à savoir demander votre chemin à des passants, à négocier vos achats ? Ou souhaitez-vous lire et écrire dans la langue concernée ?

Une immense partie – de l'ordre de 80 % – du vocabulaire utilisé couramment se résume à 1 000 mots. Les posséder est un jeu d'enfant, comme vous allez le voir. À raison de trente minutes par jour et de vingt-cinq jours par mois, c'est l'affaire de, disons, trois mois de travail.

Comment appliquer la méthode du SAC au vocabulaire ? Eh bien, comme pour toute autre leçon qui nécessite un lien a priori arbitraire, l'enjeu consiste à donner du sens à ce qui n'en a pas de prime abord.

Comment dit-on « réfléchir », au sens de cogiter, en anglais ? *To mull*. Vous voyez où je veux en venir :

Exercice n° 2

Nouvel exercice de trois minutes, montre en main. Voici une liste de sept mots anglais, avec des suggestions d'association. Votre mission, si vous l'acceptez : en retenir le plus possible en inventant les histoires – les connexions – de votre choix. Comme d'habitude, n'hésitez pas à délaisser mes suggestions au profit de celles qui vous viennent spontanément. Par exemple, un brin d'herbe poussant sur un cerveau gélatineux...

A brain : un brin d'herbe ; un cerveau : un cerveau visqueux.

To falter : de faux haltères de musculation ; vaciller ou chanceler : une personne sur le point de tomber.

To harness : un harnais ; exploiter ou harnacher : un paysan retournant la terre.

To allot : « allo ! » ; attribuer : une tribu indienne qui reçoit un présent.

A burden : un burin ; un fardeau : un drapeau très lourd !

To avail : « Ave Cesar » ; profiter : des profiteroles.

A mole : clé à molette ; une taupe : l'animal (la petite taupe de Zdenek Miller, pour les amateurs ?).

A crux : une croix ; un passage clé : une clé passe-partout.

Les trois minutes n'ont pas échappé à leur cruel destin : elles sont écoulées. Sans relire les histoires que vous vous êtes créées, retrouvez les traductions françaises des mots suivants :

To falter, *a crux*, *a mole*, *to allot*, *a brain*, *to harness*, *a burden* et *to avail*.

Dans ma grande bonté, je vous laisse désormais cinq longues minutes avec, cette fois, dix mots de la langue que vous souhaitez apprendre. Lors des stages de mémorisation que j'organise, mes nouveaux élèves parviennent à mémoriser deux à huit nouveaux mots dans ce laps de temps. Avec un peu d'entraînement, vous parviendrez rapidement à en retenir dix à trente.

Le très grand avantage de cette stratégie appliquée à l'apprentissage du vocabulaire est qu'elle permet naturellement de le contextualiser. Lorsqu'un mot a plusieurs équivalents dans l'autre langue, ce qui est le plus souvent le cas, l'image permet d'affiner. Par exemple, *«to mull»* ne signifie pas seulement penser, mais réfléchir activement. L'image d'arrivée – une mule prise dans l'effort de la réflexion – permet spontanément de préciser le contexte. De la même manière, le mot *«crux»* qui signifie un nœud, un passage clé. C'est un terme très utilisé par les grimpeurs. En effet, dans une voie d'escalade, il y a toujours un passage « clé » plus difficile. Pour retenir l'association sans confondre avec un nœud marin, il suffit dès lors d'imaginer un crucifix planté dans une falaise, autour duquel, pour passer le cap, les grimpeurs font un nœud avec leur corde.

Devenir un pro des QCM

Quelle meilleure occasion de briller devant ses amis ou en société qu'une bonne partie de Trivial Pursuit? C'est à se demander si ce jeu n'a pas été inventé dans ce seul but. Prenez garde, cependant, à un effet secondaire souvent négligé : si vous utilisez la stratégie du SAC, vous risquez de ne plus jamais trouver d'adversaire volontaire. Plus personne ne voudra jouer avec vous, à moins que tout le monde vous veuille dans son équipe...

Question de géographie : « Où se jette l'Euphrate? » Réponse : « Dans le golfe Persique. »

Utilisons la méthode du SAC.

Première étape : sélectionner les informations que l'on souhaite connecter. Ici, c'est assez simple : Euphrate et golfe Persique.

Deuxième étape : l'association. Pour l'Euphrate, je propose un œuf. Pour le golfe Persique, un chat persan qui joue au golf.

Troisième et dernière étape : la connexion. Soit un chat persan qui joue au golf avec des œufs durs.

Question de littérature : « Qui est l'auteur de l'ouvrage de référence sur Alfred Hitchcock ? »
Réponse : « François Truffaut. »
Sélection : Hitchcock et Truffaut.
Association : Hitchcock, un coq chic ou, pour les cinéphiles, des oiseaux ou une fenêtre ; Truffaut : des truffes, un baiser ou le visage volontaire de Jean-Pierre Léaud dans *Les Quatre Cents Coups*...
Connexion : nos oiseaux, apaisés après le carnage (que ceux qui n'ont pas vu le film y trouvent prétexte à regarder ce chef-d'œuvre !), mangent des truffes au bord d'une fenêtre...

Pour être incollable, il faut bien entendu appliquer ce principe à toutes les cartes du jeu. Pour cela, vous aurez besoin de consolider vos images plusieurs fois (voir le chapitre six). À raison d'une dizaine de questions chaque jour, vous deviendrez vite la terreur des salons. Et si cette idée ne vous enthousiasme pas particulièrement (chacun son Graal), sachez que cet entraînement est excellent pour renforcer vos acquis. Pensez aussi à la tête de votre cousine face à votre succès... Pour une fois que personne ne peut vous accuser de tricher.

Cela fonctionne à merveille pour un nombre de questions limité. Si, en revanche, vous devez répondre à de très longs QCM (je pense au concours de médecine, par exemple), il vous faudra utiliser d'autres techniques. Mais pour ceci, rendez-vous au prochain chapitre...

UNE MÉMOIRE INFAILLIBLE

Vous êtes désormais rodé à deux méthodes fondamentales : le SEL, qui permet de retenir des listes d'items concrets, et le SAC, qui ouvre vers les abstractions. Rien ne vous empêche de mélanger les deux techniques, comme nous le verrons un peu plus loin. Avant cela, je vous propose un retour dans la longue histoire des arts de mémoire, avec la plus ancienne et la plus spectaculaire des techniques de mémorisation. Préparez-vous à devenir l'architecte de rien moins que des palais de mémoire.

CHAPITRE 3

Bienvenue dans votre palais de mémoire

À l'heure où un simple clic suffit souvent à retrouver une information, annoncer que l'on pratique l'art de mémoire en surprend plus d'un. Cela n'a pas toujours été le cas. Avant l'invention de l'imprimerie et la possibilité de reproduire facilement l'écrit, on devait compter exclusivement sur ses propres ressources. Comment retenir un long discours lorsque l'on allait argumenter sur l'agora, devant les représentants du peuple grec ?

Ma discipline a de très anciennes lettres de noblesse. Elle a pourtant longtemps été méconnue du plus grand nombre. Comme elle l'est, hélas, aujourd'hui.

La légende raconte que c'est au cours d'un banquet, au VIe siècle avant J.-C., que tout se joua. Simonide de Céos était un poète lyrique grec, dont on disait qu'il était « l'homme à la langue de miel », et dont il ne nous reste que quelques fragments. Il chantait un poème chez Scopas, un noble de Thessalie, quand il fut appelé à l'extérieur par deux individus. C'est alors que le toit s'effondra, écrasant tous les invités. Leurs visages étaient à ce point broyés qu'ils étaient méconnaissables et qu'on ne pouvait rendre les corps aux familles. Seul Simonide put identifier les cadavres, en reconstituant le plan de table. Chaque place était associée à une personne ; en visualisant la scène telle qu'elle était avant son départ, il réussit à reconnaître les corps. « Les lieux sont les tablettes de cire sur lesquelles on écrit ; les images sont les lettres qu'on y trace », conclut le philosophe Cicéron lorsqu'il relate cette histoire.

C'est ainsi que naquit le premier des arts de mémoire. Il était alors l'un des continents de la rhétorique, cette discipline fondamentale, ancêtre et rivale de la philosophie – Socrate passait son temps à combattre les sophistes, qu'il accusait de délaisser la vérité au profit de l'art oratoire –, que l'on peut définir comme l'art de la persuasion. À une époque où l'écrit était rarissime et où la pensée se transmettait essentiellement par oral, les techniques de mémorisation et de structuration du discours étaient capitales. La langue française garde des traces de cette histoire. Ne dit-on pas « en premier et en second lieu » ?

Palais de mémoire, méthode des lieux, chambre romaine, méthode des Loci, route mémorielle, etc., autant de noms pour désigner une même méthode. Historiquement fondée sur l'impression visuelle, elle est extrêmement efficace lorsque l'on veut mémoriser de longues listes. C'est la méthode utilisée par l'écrasante majorité des athlètes de la mémoire, notamment lors des championnats. Son principe est simple : créer une « mémoire artificielle » en utilisant un lieu connu, dans lequel on aura disposé des informations. Le lien entre les items n'est plus uniquement celui de la narration, comme dans la méthode du SEL, mais aussi celui de la disposition géographique. En déposant mentalement des « mots » dans des endroits que l'on connaît, on les retrouve ensuite très facilement.

Imaginons, par exemple, la tour Eiffel. Supposons que vous devez retenir les quatre mots suivants : bougie, bonbon, nuage, serviette. Vous êtes en bas de l'édifice, levez les yeux vers le ciel. Lorsque vous les baissez, une bougie est à vos pieds. Vous montez alors au premier étage, où un gros bonbon vous attend devant la porte. Vous grimpez les marches jusqu'au deuxième étage. Là, une serviette de toilette est suspendue au-dessus du vide, pendant à travers les trous du grillage de protection. Vous terminez votre périple au troisième et dernier étage. Là, vous n'y voyez pas à un mètre tant le brouillard est épais : vous êtes dans une mer de nuages.

Vous avez compris le principe : revenez en arrière, les pieds sur le sol. Et repartez. Mais avant d'avancer, qu'y a-t-il à vos pieds ? Une bougie ? Je l'aurais parié. Allez-y, vous pouvez continuer.

La méthode des lieux fonctionne à la perfection pour des objets simples, que l'on connaît. Il est par exemple très facile d'apprendre une liste de courses. Mais qu'en est-il pour des informations nouvelles ? Le défi est double : il s'agit alors d'apprendre non seulement leur ordre, mais également leur sens. Dans ce cas, il faut associer la méthode du SAC et la méthode des lieux. À chaque endroit se produit une scène qui rappelle elle-même une information.

Tous les athlètes de la mémoire savent, comme nos ancêtres grecs et romains, à quel point cette méthode est efficace. Malheureusement, ces techniques sont encore assez peu étudiées par les neurosciences. Une des explications avancées est liée à l'évolution de l'espèce humaine. Depuis des milliers d'années, notre espèce a dû apprendre à reconnaître des lieux, à identifier les zones de chasse et de cueillette. Ou à faire la distinction entre telle baie comestible et telle autre, toxique. La méthode des lieux s'appuierait ainsi sur l'entraînement inconscient de centaines de générations d'humains, d'où son efficacité.

Les Prix Nobel de littérature français

Voici deux éléments qui n'ont, a priori, rien à voir l'un avec l'autre et qui seront pourtant liés dès la fin de ce chapitre. D'un côté, le dessin d'une maison. De l'autre, la liste des Prix Nobel français de littérature :

Sully Prudhomme (1901), Frédéric Mistral (1904), Romain Rolland (1915), Anatole France (1921), Henri Bergson (1927), Roger Martin du Gard (1937), André Gide (1947), François Mauriac (1952), Albert Camus (1957), Saint-John Perse (1960), Jean-Paul Sartre (1964), Claude Simon (1985), Gao Xingjian (2000), Jean-Marie Le Clézio (2008), Patrick Modiano (2014).

Rentrons dans le vif du sujet. Je vous propose de « stocker » les Prix Nobel dans la maison de poupée que vous trouverez page suivante. Procédons par étapes. D'abord, suivez-moi pour une petite visite. Je suis l'agent immobilier de votre maison fantasmatique.

Observez bien le salon et la cuisine. Notre point de départ sera la porte d'entrée (1), puis l'étagère à gauche (2), le miroir (3), le fauteuil (4), le canapé (5), la lampe (6), la table basse (7). Autorisez-vous à fermer les yeux et à faire vivre les lieux. Passons à la cuisine. C'est une cuisine idéale : elle comporte un bar (8), pour les en-cas sur le pouce, un évier (9), un lave-vaisselle (10), un four (11), une machine à café (12), un tableau (13), une porte-fenêtre (14) (la lumière, primordial dans une résidence principale !) et une table (15). Prenez le temps de bien repérer les quinze arrêts. Puis fermez de nouveau vos yeux et visualisez les quinze emplacements comme si vous y étiez.

Voilà, vous êtes chez vous.

Nous pouvons donc associer un lieu à chaque écrivain. Puis une action qui évoque son nom. Cette maison semble bien calme, vous ne trouvez pas ? Rassurez-vous, ça ne va pas durer. Suivez-moi.

Devant la porte (1) se trouve un homme rugissant : il vient d'être licencié et s'apprête à traîner son employeur aux **prud'homme**s. En s'avançant vers le salon, on passe devant une étagère (2). Le mur est percé et l'on sent un vent puissant, comme le **mistral**, s'y engouffrer. Dans le miroir (3) se reflète un match de tennis se déroulant sur un court de **Roland**-Garros ; les joueurs sont un peu patauds : ils sont habillés en gladiateurs **romain**s, ce qui, avouons-le, n'est pas très pratique pour smasher. Sur le fauteuil (4) est planté un drapeau **fran**çais, qui perce le cuir ;

le rembourrage dépasse un peu. Un homme est avachi sur le canapé (5). Il mange une barre au son d'avoine qui a l'air répugnante. «**Beurg** le **son**!» hurle-t-il. Au-dessus de lui, accroché à l'abat-jour (6), un **martin**-pêcheur lance de lourds rochers. Allongé sur la table basse (7), un homme **gît de** tout son long…

Passons à la cuisine. Sur le bar (8), une assiette est posée. En émane un merveilleux parfum d'omelette aux **mori**lles flambée au cogn**ac**. Dans l'évier (9), un **cam**ion d'enfant vient d'être lavé. Le liquide vaisselle a un drôle d'effet sur lui : il se **mue** en moto! Caché dans le lave-vaisselle (10), **John**ny Cash, recroquevillé sur lui-même, **perce** le mur pour s'échapper… Dans le four (11), une **tarte** est en train de cuire. Sentez-vous la délicieuse odeur de pommes caramélisées. Nina **Simon**e et **Claude** Nougaro chantent en riant autour de la machine à café (12). Sur le tableau (13), on voit un symbole du yin et du **yan**g s'élever sur une plage indienne, à **Goa**. On ne peut plus ouvrir la porte-fenêtre (14), car on a perdu les **clés**. Enfin, sur la table (15), les mannequins d'un défilé de **mode** dansent à en perdre leur souffle, pendant qu'à côté, un musicien chante en s'accompagnant au p**iano**.

Vous trouvez tout ceci un peu loin du sujet? Vous ne saviez pas que ces auteurs étaient des Prix Nobel, mais leur œuvre ne vous est pas inconnue? Peu vous importe de retenir leurs noms dans l'ordre puisque seules leurs œuvres comptent ? Certes, mais ces artifices de mémoire vous permettront, par la suite, de structurer vos connaissances littéraires. Et ils seront d'ailleurs d'autant plus efficaces qu'ils seront personnalisés, qu'ils feront

Modiano danse sur la table de la cuisine...

appel à des références qui vous sont propres, que les éléments mis en scène vous « parleront ». Si j'avais dû faire ce palais à ma seule intention, j'aurais mis à côté de la machine à café mon ami Simon. Voici donc une autre façon d'habiter cette

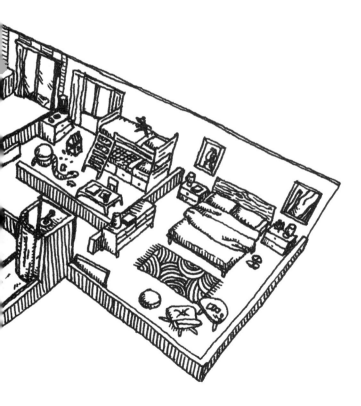

«maison de mémoire» pour ceux qui ont les connaissances littéraires nécessaires.

Lorsque l'on ouvre la porte (1) de cette maisonnette, on écrase du verre cassé : c'est un vase brisé *(Le Vase brisé)*. En clopinant jusqu'au salon, on passe devant une étagère (2), de laquelle surgit le visage de Mireille (Mathieu ou Hartuch) *(Mireille)*. Dans le miroir (3) se reflète une scène de théâtre envahie de sans-culottes *(Le Théâtre de la Révolution)*. Sur le fauteuil (4) est planté un beau lys rouge *(Le Lys rouge)*; le rembourrage dépasse un peu. Sur le canapé (5), un homme rit *(Le Rire)* à gorge déployée. Au-dessus de lui, Thibault *(Les Thibault)* (vous en connaissez bien un!) répare la lampe (6). Sur la table basse (7), un homme est allongé, qui mange un plat de terre à pleines mains *(Les Nourritures terrestres)*. Passons à la cuisine. Sur le bar (8), des vipères nouées les unes aux autres se débattent *(Le Nœud de vipères)*. Dans l'évier (9), un homme miniature est penché sur le cadavre de sa mère, impassible, sous le soleil d'Alger *(L'Étranger)*. Dans l'eau du lave-vaisselle (10), un amer s'élève au loin pour guider les tasses flottant sur l'eau savonneuse *(Amers)*. Au-dessus du four (11), sur les plaques de cuisson, une femme enceinte se tient le ventre, prise d'une soudaine nausée *(La Nausée)*. Dans le marc de café, déposé à côté de la machine (12), a poussé un grand acacia *(L'Acacia)*. Le tableau (13) représente une montagne peinte de couleurs paisibles *(La Montagne de l'âme)*. Derrière la porte-fenêtre (14), un petit garçon un peu perdu et débraillé regarde à l'intérieur de la maison *(Mondo)*. Enfin, sur la table (15), une jeune fille d'une quinzaine d'années, haute d'une dizaine de centimètres, avance dans un décor parisien des années quarante, en noir et blanc *(Dora Bruder)*.

J'ai volontairement mélangé des images qui ont du sens – les personnages et les ambiances mis en scène par ces Prix Nobel – et des illustrations très littérales, absurdes, des titres de leurs livres. Pour fixer des informations dans la mémoire à long terme, il faut simplement les raccrocher à quelque chose que l'on connaît. Peu importe quoi. La rustine mémorielle disparaîtra petit à petit. Au profit – souhaitons-le ! – du souvenir impressionnant et mémorable d'une œuvre singulière...

Rien n'interdit de mélanger les images du premier et du second exemple. Fermez les yeux et partez sur les traces de votre liste. Si vous avez des difficultés, aidez-vous du dessin. Ce devrait être un jeu d'enfant. La prochaine fois qu'un écrivain français décroche le Prix, il suffira de le glisser dans un recoin encore inexploré de la maison...

Les plus hauts sommets du monde

Aconcagua, Kilimandjaro, Elbrouz, Everest... Des sonorités lointaines, évoquant les confins du monde, des zones presque irréelles. Autant de promesses de caresser le ciel. Il est des noms à la puissance suggestive si grande qu'on les croirait tout droit sortis d'un rêve. Quel meilleur endroit qu'une chambre d'enfant pour grimper, en pensée, les sommets du monde ?

Reprenons donc notre maison de poupée et laissons les Prix Nobel de littérature discuter tranquillement dans le salon. Nous voici dans la chambre d'enfant.

Vous voyez la porte (16), la dînette (17) sur la commode, la peluche sur le lit (18), l'échelle (19), le petit bureau (20), le jeu qui ressemble à un aspirateur (21) et la petite maison (22)? Ce sont autant de sommets déguisés.

J'ai classé les noms des plus hauts sommets des sept continents par ordre alphabétique – Afrique, Amérique du Nord, Amérique du Sud, Antarctique, Asie, Europe, Océanie – et je les ai disposés dans la chambre d'enfant. Partons sur leurs traces.

Dans l'entrée, une am**ande** fait des **guilis** à la porte (16), qui se gondole en riant (c'est une porte sans serrure : seules les chatouilles ont raison d'elle) (Kilimandjaro, 5 892 m). Un petit bonhomme est en train de préparer le **dîn**er (17) avec des couverts miniatures en plastique (Denali, 6 190 m) : incroyable, c'est **Ali** Baba ! Un serpent **anaconda** (Aconcagua, 6 962 m) attaque la peluche sur le lit (18), qui tremble de peur. Pendant ce temps, un petit **vison**, avec sa grande queue soyeuse, grimpe les barreaux de l'échelle (19) à toute vitesse pour éviter de finir en manteau de **vison** (le Vinson, 4 892 m). Le petit bureau (20) se métamorphose, comme dans un **rêve**, en une **montagne enneigée** qui grimpe jusqu'au plafond : l'Everest, à 8 848 m, que nous connaissons tous… À côté, le jeu qui ressemble à un aspirateur (21) n'en est pas un. C'est une machine à brouter la moquette. **Elle broute, elle broute** (Elbrouz, 5 642 m)! Quant à la petite maison (22), son toit est transpercé par une **poin**te de **cra**yon d'où **jaill**it un jet d'encre qui la couvre d'un noir profond (Puncak Jaya, 4 884 m).

Prenez quelques instants pour parcourir à nouveau mentalement la chambre, à la recherche des sommets perdus.

Il n'existe pas qu'une seule stratégie pour retenir un même type d'information. Voici une autre manière de procéder pour retenir la même liste. On peut considérer que la chambre d'enfant est superflue : après tout, les reliefs tels que les montagnes n'ont-ils pas leur propre palais de mémoire naturel, la planète ? Reste à y tracer le chemin de notre choix : la route des sommets. Si l'on adopte une approche eurocentrée et que l'on situe, comme la majorité des cartes, l'Europe au beau milieu du monde, je vous suggère de dessiner mentalement le tracé d'un S, en commençant par l'Amérique du Nord, en descendant vers l'Amérique du Sud, et l'Antarctique, puis en remontant vers l'Afrique et l'Europe, avant de tourner à l'est vers l'Asie, pour finir votre périple imaginaire au Sud, en Océanie.

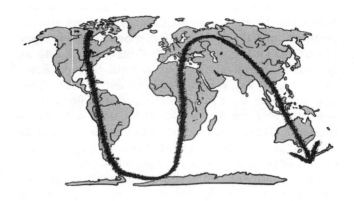

Les associations, distinctes de celles de la chambre, doivent dès lors être revues en fonction du contexte. Mais l'exercice est simple.

En Amérique du Nord, au début du S donc, **Ali Baba dîne** (Denali) en se sustentant de glaçons (il a un petit appétit, et l'Alaska offre peu de choix à celui qui ignore l'art de la chasse et de la pêche). En Amérique du Sud, un long **anaconda** (Aconcagua) naît de l'Amérique centrale, puis dévale le continent jusqu'à se casser le nez sur l'Antarctique ; il poursuit en fait un **vison** qui se fraie un chemin entre des colonies de manchots (le Vinson). En Afrique, les baobabs donnent, depuis que votre imagination leur a jeté un sort, des **amandes chatouilleuses** (Kilimandjaro). En Europe... Mais je vous laisse continuer, car nul n'est meilleur que soi-même pour créer un parcours dans un palais de mémoire. Et, à vrai dire, aucun palais de mémoire ne sera aussi précieux que celui que vous construirez vous-même. Vous verrez bientôt comment vous y prendre.

Les secrétaires généraux de l'ONU

Maintenant que vous êtes rodé, je vous propose de vous confronter à un exercice de haut vol. Objectif : retenir la liste des secrétaires généraux de l'ONU. Accrochez-vous, inspirez, expirez… En avant !

Trygve Lie, Dag Hammarskjöld, U Thant, Kurt Waldheim, Javier Pérez de Cuéllar, Boutros Boutros-Ghali, Kofi Annan, Ban Ki-moon.

Ces noms peuvent paraître très difficiles à retenir, surtout pour celui qui ne les a jamais entendu prononcer ; c'est probablement le cas pour les premiers secrétaires généraux. Il faut, de fait, se familiariser, même rapidement, avec eux avant de pouvoir les retrouver grâce à cette technique – les moyens mnémotechniques ne sont que des aides ponctuelles, ils servent à retrouver une information que nous avons enfouie. C'est la dernière pièce, la chambre parentale, qui va nous servir de palais. Pour vous aider, je vous suggère des associations. C'est à vous, en revanche, de sélectionner les éléments de la pièce qui vous serviront d'indices de récupération. Voici mes propositions :

Trygve Lie, norvégien, premier secrétaire général de 1946 à 1952 : vous **trouvez** soudain le **lit** de vos rêves ;
Dag Hammarskjöld, suédois, secrétaire général de 1953 à 1961 : une **dag**ue qui **r**amasse un **colt** ;
U Thant, birman, secrétaire général de 1961 à 1971 : **U**ne **tant**e ;
Kurt Waldheim, autrichien, secrétaire général de 1972 à 1981 : une **carte** représentant un **val**et au visage déformé par la **haine** ;
Javier Pérez de Cuéllar, péruvien, secrétaire général de 1982 à 1991 : une **ép**ée **cou**pe du **lar**d ;
Boutros Boutros-Ghali, égyptien, secrétaire général de 1992 à 1996 : un **bouto**n de manchette qui se gratte frénétiquement car il a la **gale** ;
Kofi Annan, ghanéen, secrétaire général de 1997 à 2006 : Un **âne** fatigué de porter ses sacs s'arrête boire un **café** ;
Ban Ki-moon, sud-coréen, premier secrétaire depuis 2007 : une **ban**nette **qui** est où ? sur la lune (**moon**).

Il est toujours très important, une fois le parcours terminé, de prendre quelques instants pour revisiter son lieu et ancrer ainsi davantage les images dans sa mémoire. C'est à vous.

Un palais de mémoire unique : le vôtre

Je dois admettre que je ne vous ai pas simplifié la tâche en vous soumettant le dessin d'une maison qui ne vous était pas familière. Il est plus difficile, en effet, d'«animer» un lieu, d'en sentir les odeurs, la texture des matériaux, le froid ou la chaleur du sol, etc., quand on n'y est jamais entré et a fortiori quand ce lieu n'existe pas. Pour solliciter ses cinq sens, rien ne vaut un espace dont on connaît le moindre recoin. C'est la raison pour laquelle je suggère souvent de choisir sa propre maison ou celle dans laquelle on a grandi.

Fermez les yeux – encore et toujours, seule façon de s'extraire du monde réel – et représentez-vous devant la porte d'entrée de votre maison ou de votre appartement. Posez la main sur la poignée. Quelle est la nature du contact ? Votre main l'enserre-t-elle complètement, ou la tenez-vous avec vos deux doigts ? Sentez-vous la rugosité du bois ou la brûlure de l'acier ? Baissez les yeux. Que voyez-vous ? Un paillasson ? Un pot de fleurs ? Quelle est la température de l'air ? Tournez la poignée. Poussez la porte. Où êtes-vous ? Dans l'entrée ? Le salon ? La cuisine ? Promenez-vous, faites le tour du propriétaire. Appréciez la quantité de détails que votre mémoire a engrangés sans même que vous vous en rendiez compte.

Je vous laisse. Après tout, vous êtes chez vous. Prenez votre temps.

Structurer un lieu

Une fois ce petit périple achevé, il est nécessaire de structurer l'itinéraire. Découpez votre maison en quatre ou cinq zones correspondant généralement à des pièces. Dans chacune d'elles, sélectionnez cinq éléments caractéristiques (objets, meubles, etc.), de préférence de nature différente : évitez de choisir deux lampes de chevet ou deux paires de rideaux. Un rapide dessin peut être utile : comme nous l'avons fait page 70, vous pouvez tracer rapidement un plan d'architecte en indiquant les lieux. Puis notez l'ordre de passage, de 1 à 20 par exemple, en prenant garde à ce que l'itinéraire soit réaliste. Évitez les téléportations ou les passages à travers les murs.

Fermez les yeux et empruntez le chemin que vous avez choisi en revisitant votre maison. Mais cette fois, arrêtez-vous chaque fois que vous croisez un élément structurant ou point de stockage. C'est là que vous allez déposer les informations que vous souhaitez retrouver.

La méthode des lieux est la plus efficace pour retenir de longues listes. C'est d'ailleurs la stratégie la plus utilisée lors des championnats de mémoire. J'ai pour ma part dix lieux déjà balisés, chacun comportant cent arrêts, soit une capacité de stockage de mille informations différentes. Mais le chiffre grandit à mesure de l'entraînement.

Je n'ai pourtant pas de maisons aux quatre coins du monde. Car si, lorsque l'on s'initie à cette méthode, il est préférable de commencer par des endroits bien connus, on peut très facilement étendre la zone d'exploration à d'autres espaces. Pourquoi pas votre bureau ? Ou le square dans lequel vous emmenez vos enfants le samedi matin – le tourniquet, le petit et le grand toboggan, la piste cyclable, etc. –, le trajet du centre-ville, voire la station balnéaire dans laquelle vous passez vos vacances ? Tout est possible. Tant qu'à faire, autant choisir un parcours agréable et apaisant... Pour ma part, si j'ai commencé par la maison de mes parents, puis une salle de formation, je me suis amusé à créer mon premier lieu à cent emplacements, pour mémoriser une liste de deux cents chiffres, dans un parc de Poitiers, où j'habitais à l'époque de mes premiers championnats. Depuis, je m'impose, avant chaque concours, la création d'un nouveau palais. Le plus souvent, je profite d'un voyage. Madrid, Rome et Tolède m'apparaissent bien différemment qu'à un autre touriste... Le principe peut être décliné de multiples façons ; certains parcourent ainsi l'anatomie du corps humain : l'essentiel est que chaque lieu soit bien distinct des autres.

Pour retenir des informations à vie, mieux vaut n'utiliser qu'un itinéraire par liste. Mais si vous ne souhaitez pouvoir la restituer que pendant quelques heures, quelques jours ou quelques semaines, vous pouvez sans difficulté la stocker sur cet itinéraire, puis le laisser tomber dans l'oubli avant de mémoriser d'autres choses à la place. Certains de mes lieux sont ainsi uniquement destinés à la compétition, ou au stockage momentané d'informations ; d'autres sont consacrés à des connaissances que je souhaite retenir toute ma vie : présidents, listes des atomes, etc.

Retenir le chemin qu'une bonne âme vous indique poliment

Vous êtes en voiture dans une zone industrielle inconnue, où tous les bâtiments se ressemblent. Qu'y a-t-il de plus similaire à un rond-point qu'un autre rond-point ? Les ingénieurs des travaux publics du XXe siècle ne nous ont pas simplifié la tâche... Miracle, un couple passe dans la rue. Victoire ! Vous baissez la fenêtre. « Bonjour, excusez-moi de vous déranger, je suis perdu... » Le couple s'approche. « Je cherche la rue Victor-Hugo. » Et ce qui devait être une libération n'est que le début de vos ennuis. Non seulement les deux individus ne sont pas d'accord entre eux et il vous faut patienter trois interminables minutes en jetant des coups d'œil nerveux aux rétroviseurs, mais même une fois qu'ils ont trouvé un terrain d'entente (si jamais ce moment béni arrive un jour), impossible de mémoriser leurs indications.

«À droite après le fleuriste, vous verrez au loin un panneau sens interdit, vous tournez alors à gauche, au troisième rond-point à droite, oui, c'est ça, troisième, ou quatrième… Quatrième, Régis, c'est bien ça ? Non, c'est bien le troisième ? Oui, c'est ça. Je reprends. Au troisième rond-point à droite, vous verrez une rue perpendiculaire. Je crois qu'elle est en sens interdit. Mais vous redemanderez à ce moment-là. »

Bon courage.

Mais vous, heureux connaisseur de l'art de mémoire, ne serez plus troublé par cette déferlante d'indications géographiques. Vous savez désormais vous servir d'un lieu physique comme cadre regorgeant d'indices de récupération. Il est tout à fait possible de pousser cette méthode un peu plus loin et de construire ainsi soi-même un lieu intégralement virtuel, conçu à la manière d'un architecte.

C'est précisément ce que font Leonardo DiCaprio, Ellen Page et Marion Cotillard dans le film *Inception* : ils construisent et se déplacent dans des lieux fictifs, qu'ils implantent dans les rêves de leurs cibles afin que ces derniers révèlent leurs secrets.

Imaginez que vous soyez perdu dans Marseille. Vous venez de sortir de la gare et interpellez un passant qui vous donne les consignes suivantes :

« Vous arrivez au rond-point, près d'un mur recouvert de vigne vierge ; vous prenez la première à droite, continuez tout droit jusqu'au maraîcher et prenez alors à gauche. Vous continuez sur 200 mètres jusqu'à longer une église. Une centaine de mètres plus loin, à la boulangerie, ce sera à droite. Vous tomberez alors sur l'avenue Mistral. »

Si vous n'utilisez aucune stratégie de mémorisation, les informations vont rester dans votre mémoire à court terme. Autant dire qu'après cinquante mètres, vous aurez tout oublié. Rien de plus naturel. Il n'en sera rien si vous prenez soin d'imaginer un rond-point, connu ou fictif, puis d'avancer mentalement dans la direction que le passant vous indique. En vue subjective, à la manière d'un joueur de jeu vidéo, ou en vue du ciel, peu importe – à moins que vous préfériez mêler les deux. Le fameux maraîcher n'est plus un mot abstrait. Il offre à la vue une multitude de couleurs chatoyantes et, à vrai dire, vous en salivez déjà. Vous vous emparez d'un fruit, croquez dedans et le jetez sur la gauche, en plein sur l'église. Heureusement, personne ne vous a vu. Enfin, c'est ce que vous croyez : le boulanger était sur le perron de sa boutique, dans laquelle il entre rapidement. Vous lui courez après pour vous excuser : vous ne savez pas ce qui vous a pris, vous n'êtes pas un voleur, c'est promis ! Mais il a disparu. Vous vous apprêtez à rentrer dans la boulangerie quand un vent violent gifle votre joue droite. Voilà donc ce qu'on appelle le mistral...

Avec un peu d'entraînement, vous serez à même de construire ce lieu imaginaire en temps réel, c'est-à-dire au fur et à mesure que l'on vous expliquera le chemin. Au début, vous ferez peut-être un peu répéter... Mais n'est-ce pas déjà le cas dans ce genre de situations ?

Il existe une autre possibilité : utiliser un lieu existant. Prenons celui que vous avez créé au cours de ce chapitre, votre maison. Octroyez-vous quelques secondes pour le revisiter, notamment vos cinq premiers arrêts. Nous allons y déposer les cinq indices clés de l'explication.

« Au rond-point, près d'un mur recouvert de vigne vierge, vous prenez la première à droite ». Imaginez la vigne peinte en bleu (en général, la couleur adoptée, en France, par les partis politiques de droite). Si votre premier emplacement est la porte d'entrée, imaginez une vigne bleue qui descend le long de la porte.

« Continuez tout droit jusqu'au magasin de légumes et prenez alors à gauche. » Imaginez des radis roses ou rouges (couleurs associées aux partis de gauche). Liez-les à votre deuxième emplacement.

« Vous continuez sur deux cents mètres, jusqu'à longer une église. » Installez confortablement un prêtre à votre troisième arrêt.

« À la boulangerie, ce sera à droite. » Peignez, d'amples coups de pinceaux, une baguette de pain en bleu.

«Vous tomberez alors sur l'avenue Mistral.» Votre cinquième indice est ébranlé par un vent violent.

Vous avez rendez-vous au numéro 23 : Michael Jordan se prélasse quelque part chez vous (à moins que l'on n'y déguste des nems, mais vous comprendrez pourquoi dans le prochain chapitre).

Mettez-vous en situation et refaites le chemin indiqué. Parvenez-vous jusqu'au perron ?

Au fur et à mesure de l'avancement des chapitres, je vous propose des exercices de plus en plus difficiles. Pensez à prendre des temps de repos. Sachez que vous qui êtes parvenu jusque-là êtes à deux doigts d'être armé pour vos premiers championnats. La méthode des lieux est en effet la plus performante lorsque l'on souhaite battre des records de vitesse. Que vous manque-t-il ? De l'entraînement. Rien de plus. Aucune qualité mystérieuse et cachée. Aucun don des dieux. Et peut-être un ingrédient spécifique, que je vais vous présenter dans le chapitre suivant. Une encre plus fluide, plus résistante, pour écrire, à la vitesse de l'éclair, les informations sur les murs de votre mémoire. Nous allons jouer aux apprentis sorciers avec le langage.

CHAPITRE 4

Créer son propre langage

Plus on connaît de sujets, plus il est facile d'en découvrir de nouveaux. A fortiori, plus on en maîtrise un en particulier, moins on rencontrera de difficultés pour acquérir de nouvelles connaissances dans le même domaine. Non seulement un pianiste averti jouera plus facilement une nouvelle partition, mais il maîtrisera plus rapidement n'importe quel autre instrument. De la même manière, un mécanicien mettra au jour les secrets d'une vieille bécane en comparant naturellement la machine à une autre, fût-elle à quatre roues. En créant des connexions, on ouvre des mondes de possibles.

S'il y a quelque chose que l'on domine tous, c'est bien le langage. Lorsque vous lisez « arbre », vous visualisez naturellement un tronc marron, recouvert d'écorce, surmonté de branches desquelles naissent des feuilles, vertes ou blondes. Un arbre comme les enfants en dessinent dès leur plus jeune âge.

De la même manière, lorsque vous devez l'écrire, vous inscrivez sans réfléchir une série de cinq lettres : A, R, B, R, E. Il s'agit ici du même processus : associer un système prédéfini à une réalité que vous connaissez.

En reliant des informations, quelles qu'elles soient, à ces lettres ou à ces sons qui nous sont naturels, on peut tout retenir. C'est la façon dont procèdent les cracks de la mémoire pour s'imprégner de cartes, d'images abstraites, etc. Vous êtes probablement confronté au quotidien à des informations simples que vous avez du mal à mémoriser. Ce chapitre est pour vous.

Je me propose de vous exposer six nouveaux langages qui vous permettront, une fois acquis, d'apprendre rapidement des chiffres, des lettres, des chiffres binaires, des images abstraites, des cartes à jouer et les kanji japonais.

Les chiffres qui parlaient à l'oreille des hommes : le major système

A priori, les chiffres trouvent peu d'écho dans notre mémoire. Ce qui ne fait pas notre affaire, car ils gouvernent le monde dans lequel nous vivons. Codes secrets, dates historiques, numéros de téléphone, numéros de rue, indicateurs en tout genre… Comme vous le savez désormais, rien ne vaut, pour retenir une information, le fait de la connecter à nos cinq sens. Or quoi de plus abstrait qu'un chiffre ? Nous avons vu, dans le premier chapitre, une méthode simple pour retenir un code : 1075B correspondait à Zidane escaladant la tour Eiffel pour sauver un bébé de la mort. Cette méthode fonctionne pour les nombres qui sont en relation avec notre mémoire collective ou au contraire très personnelle. Si vous êtes né un 26 août, retenir 2608 est un jeu d'enfant. Mais qu'en est-il des autres chiffres, de ceux qui ne se sont jamais agrippés, d'une façon ou d'une autre, aux ramifications de notre mémoire ?

Il existe une technique très puissante pour mémoriser de longues listes de chiffres ou de nombres.

Elle demande un peu d'investissement, et donc de patience. Elle nécessite en effet la création d'un alphabet singulier. Mais une fois qu'on le maîtrise – très rapidement, en vérité –, les décimales de pi n'auront plus de secrets pour vous. Vous ne me croyez pas ? Faites-moi confiance.

Le principe consiste à associer à un chiffre ou à un nombre une image convoquant nos cinq sens. Il en existe plusieurs. Le plus utilisé, notamment par les athlètes de la mémoire, est un alphabet traduisant les chiffres de 0 à 9 en lettres. Il permet de retenir des nombres de 00 à 99. Voyons comment agit ce tour de passe-passe, dont le mathématicien Pierre Hérigone (1580-1643 ou 1644) est à l'origine et qu'Aimé Paris (1798-1866) a formalisé, dans la forme que j'utilise ici, au XIXe siècle. On l'appelle aujourd'hui « major système », ou « grand système ».

Le 0 correspond au son « z » ou « s » (/z/ou /s/). On peut penser au « z » de zéro.
Le 1, au « t » ou au « d » (/t/ou /d/). Ils ont la verticale en commun.
Le 2, au « n » (/n/), qui a deux jambes.
Le 3, au « m » (/m/), qui en a trois.
Le 4, au « r » (/r/), consonne principale de « quatre ».
Le 5, au « L » (/l/), soit la lettre formée par les cinq doigts de la main.
Le 6, aux sons « j », « ge » ou « ch » (/ʒ/ ou /ʃ/) : le 6 en miroir.
Le 7, aux sons « k » ou « gu » (/k/ ou /g/), la K7 vous aidera à le retenir.
Le 8, aux sons « f » ou « v » (/f/ ou /v/). Les boucles du huit et du « f » ne sont-elles pas similaires ?
Le 9, aux sons « p » ou « b » (/p/ ou /b/), soit le « p » en miroir.

CRÉER SON PROPRE LANGAGE

Une fois que l'on connaît cet alphabet, l'exercice consiste à transformer les chiffres en un mot comportant les consonnes correspondantes (43 : « r » et « m »), puis, en ajoutant des voyelles, à trouver des mots qui se transformeront eux-mêmes en images (rame ou rime, par exemple).

Au 11 correspondra ainsi un mot dont les deux premières consonnes sont un « d » ou un « t » : un dada, une tête, une tante. Au 12, un tonneau. Au 13, un tam(-tam), un tamis ou un damier. Au 14, un train, un dard. Au 15, une télé, par exemple, ou un talon. Etc.

UNE MÉMOIRE INFAILLIBLE

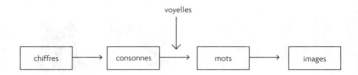

Vous rappelez-vous la première histoire que je vous ai racontée ? Cette curieuse histoire de taureau portant des talons rouges, dont un s'échappe pour manifester avec un panneau grelottant de froid, à tel point qu'il doit se couvrir d'un châle... Vous y êtes ? Presque ? Accordez-vous quelques instants pour retrouver le fil du récit. Que devient le châle ? Il est tiré par une malle. Et qu'y a-t-il dans la malle ? Oui, un vampire, avec sa cape... Le voici qui descend dans une mine... Je vous laisse reconstituer la fin et inscrire les mots dans le cadre ci-dessous.

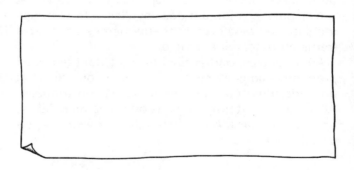

Vous devez avoir retrouvé la liste de mots suivante : taureau, talon, panneau, châle, malle, vampire, cape, mine, muffin, ruche, neige, rame, muffin, mine, cape, lasso, navet, phare, tapis, cadeau.

Maintenant, prêtez-vous au petit jeu du décryptage. Quelles sont les deux premières consonnes prononcées du mot «taureau»? «t» et «r». Soit 1 et 4. De «talon»? «t» et «l», soit 1 et 5. De «panneau»? «p» et «n», soit 9 et 2. De «châle»? «ch» et «l», soit 6 et 5. De «malle»? «m» et «l», soit 3 et 5. De «vampire»? «v» et «p»... Et ainsi de suite.

Vous arrivez ainsi à une succession de vingt nombres. Soit les quarante premières décimales de pi : 3,14159 26535 89793 23846 26433 83279 50288 41971.

Incroyable, non?

Associée à une pincée de SEL, comme ici, ou à un palais de mémoire, l'utilisation de cet alphabet permet de mémoriser des quantités impressionnantes de chiffres. C'est très efficace pour les numéros de téléphone. Imaginons, au hasard, le 04 99 94 87 53. Il suffit de quelques minutes pour imaginer une petite histoire : un cerf (04 – 0 pour le son /s/ et 4 pour le son /r/) porte un bébé (99) sur son dos qui glisse lentement dans un pré (94). Dans ce pré vivent des phoques (87), qui se regardent dans le miroir d'une lame (53). Cela vous paraît très compliqué? Il n'en est rien. C'est une mécanique très simple, qui nécessite simplement une petite demi-heure d'investissement initial. Une petite demi-heure de travail pour un bénéfice de toute une vie... Le décodage en vaut la chandelle.

On peut s'arrêter là. Une fois l'alphabet appris, il suffit de consacrer, au début, une vingtaine de secondes à chaque encodage ou décodage pour retenir les suites numéraires que l'on souhaite. Mais on peut aller plus loin en rendant le processus quasi automatique. Car une fois « 15 » associé à « talon », il le sera pour la vie. Alors, les chiffres les plus barbares n'auront plus de secrets. Ils feront soudain sens. Pour pousser l'exercice un peu plus loin, on peut associer par avance chaque nombre, entre 00 et 99, à une image. Dans les championnats, il est courant que les compétiteurs utilisent des systèmes de 1 000 images (000-999), voire de 10 000 images. Je suis pour ma part en train de constituer un alphabet de 1 000 images. Cela signifie que si je lis 724, je vois immédiatement un canard. Si nous, athlètes de la mémoire, pouvons le faire, avec certes beaucoup d'entraînement, c'est qu'aucune limite biologique ne l'interdit[1]. Pensez-y : il y a des championnats chaque année, les inscriptions sont ouvertes.

---

1. Pour faciliter cet apprentissage, j'ai créé un jeu de cartes spécifique. Voir mon site : www.sebastien-martinez.com

Les plus hauts sommets du monde

Poursuivons notre exploration géographique commencée au chapitre précédent. Vous souvenez-vous des sommets que nous avons visités ? Que diriez-vous d'en connaître précisément la hauteur ? Repartons de notre trajet dans la chambre d'enfant. Avant même d'y pénétrer, à qui avons-nous affaire ? À une amande faisant des guilis à la porte : le Kilimandjaro. Il culmine à 5 892 mètres. Imaginez maintenant que lorsque la porte s'ouvre en se gondolant, de la lave (58) en sort et, pour ne pas finir brûlée, l'amande se saisit d'une benne (92) pour l'évacuer. Le Denali, lui, s'envole à 6 190 mètres. Notre curieux Ali Baba, affairé à préparer le dîner, s'apprête à le servir à la table d'un château (61), sous les ordres du majordome : un poisson (90). Quant au serpent, notre anaconda prêt à fondre sur la peluche, rassurez-vous, il ne parviendra pas à ses fins. La peluche s'est heureusement dotée d'un chapeau (69) pour se protéger et dissimuler des chaînes (62), qui lui serviront à le ligoter en temps et en heure (Aconcagua, 6 962 mètres).

Notre petit vison escaladant l'échelle manque de peu de tomber dans un ravin (48). Il n'avait pas vu le panneau (92) « Attention danger ! » (massif du Vinson, 4 892 mètres). Sur le petit bureau qui se métamorphose en montagne enneigée, nous pouvons imaginer une fève (88) qui navigue dans le même ravin (48) (Everest, 8 848 mètres). Plus loin, l'aspirateur broute la moquette jusqu'à aspirer la luge (56) d'une reine (42) effarée (Elbrouz, 5 642 mètres). La petite maison au toit transpercé est située au bord du ravin (48); sur sa toiture, un immense phare (84) avertit les bateaux qui pourraient passer par là... (Puncak Jaya, 4 884 mètres).

Encore une fois, prenez le temps de revisiter ces nouveaux lieux une fois l'exercice terminé. C'est ainsi que vos souvenirs resteront gravés sur les « tablettes de cire » dont parle Cicéron.

Les dates de mandat des secrétaires généraux de l'ONU

De la même manière, maintenant que vous connaissez les secrétaires de l'ONU par ordre chronologique, il ne vous manque, pour être véritablement précis et pour mieux structurer les informations contextuelles et historiques nécessaires, que les dates de leurs mandats.

Il faudrait dans l'absolu mémoriser non plus quatre, mais huit chiffres à la fois. Cela ne pose aucune difficulté en soi, mais il y a plus simple : l'ONU ayant été créée après-guerre, en 1945, le siècle est le même pour tous.

En revanche, si, en toute logique, les dates devaient se succéder, un secrétaire prenant la place de celui qui termine son mandat, ce n'est pas le cas des deux premiers. À partir de U Thant, les mandats s'achèvent tous un 31 décembre, les nouveaux prenant leurs fonctions le lendemain, soit le 1er janvier de l'année suivante. Nous pouvons ainsi nous limiter à la mémorisation du début de chaque mandat. Je vous laisse adapter ces nouvelles informations au chemin que vous avez choisi d'emprunter. Vous pouvez également le retenir grâce à la méthode du SEL, en créant une histoire à partir des images correspondantes.

Trygve Lie, premier secrétaire général de 1946 (ruche) à 1952 (laine) : complétez votre lieu avec les deux images correspondant au 46 et au 52 ;

Dag Hammarskjöld, secrétaire général de 1953 (lame) à 1961 (château) : vous n'avez plus qu'à ajouter le chiffre 53 (le 61 sera mémorisé grâce à la date de début de mandat du secrétaire suivant) ;

U Thant, secrétaire général de 1961 (château) à 1971 (cadeau) : ajoutez seulement le 61 ;

Kurt Waldheim, secrétaire général de 1972 (canne) à 1981 (fête) : ajoutez le 72 ;

Javier Pérez de Cuéllar, secrétaire général de 1982 (vanne) à 1991 (batte) : ajoutez le 82 ;

Boutros Boutros-Ghali, secrétaire général de 1992 (panneau) à 1996 (pêche) : ajoutez le 92 ;

Kofi Annan, secrétaire général de 1997 (Pâques) à 2006 (soja ou siège) : ajoutez le 97 ;

Ban Ki-moon, secrétaire général depuis 2007 (sac) : ajoutez le 07.

Créer votre alphabet

Apprendre un alphabet... Mais je le connais, mon alphabet, me direz-vous! Certes. Et je vous en félicite. Cela étant, je parie que vous n'en connaissez qu'un, soit les quarante-deux lettres du nôtre (avec les lettres accentuées), peut-être deux si vous avez appris le chinois ou le japonais. Et pourtant, en associant une image à chaque lettre, vous pourrez mémoriser d'autres alphabets ainsi que des codes comportant des lettres. Mais aussi, de manière plus anecdotique, le réciter à l'envers, savoir spontanément quelle lettre succède au «m» (réfléchissez : il vous a fallu quelques instants pour retrouver le «n», et il est même probable que vous ayez dû repartir du «a»), mémoriser des listes de vingt-quatre éléments, maîtriser l'alphabet international.

Différentes constructions

Le principe est toujours le même. Il s'agit d'associer une image à une lettre en appliquant une règle fixe et prédéterminée.

Il existe une infinité de règles possibles. On peut utiliser les formes, les rimes, des animaux commençant par la lettre en question, des sons, des personnages de romans ou de films, etc.

Commençons par les formes. À quoi vous fait penser le A ? À un triangle de musique.

Le B ? À une paire de lunettes.

Le C ? À un fer à cheval.

Le D ? Au rire (à la manière des smileys).

Le E ? À un trident ou un peigne… Je vous laisse terminer.

Poursuivons avec les sons. Il s'agit cette fois-ci de transformer chaque lettre en une entité, représentable avec nos cinq sens, dont le nom commence par cette même lettre.

A : Anouk (Anouk Aimée, l'actrice, ou une autre si vous en connaissez une) ou un avion.

B : un bébé.

C : un cil.

D : Donald.

E : un éléphant.

F : une fouine.

G : Gérard ou une gélule.

H : une hache.

I : un iguane.

J : une paire de jeans.

K : un koala.

L : une lime à ongles.

M : une main.

N : une niche.

O : un oreiller.

P : Paris (la tour Eiffel ?).

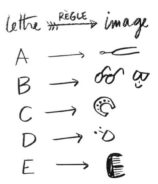

Q : une quille.
R : un rat.
S : Sophie, Sébastien ou un serpent.
T : un têtard.
U : Ursula Andress.
V : Vénus ou un vélo.
W : William ou un whisky (sans glaçons, s'il vous plaît).
X : un rayon X.
Y : un Yankee ou un yams.
Z : Zorro ou un zèbre.

Une fois que vous avez vos images, comme avec les chiffres, vous pouvez retenir n'importe quel code comportant des lettres.

L'usage de ce langage est limité. Mais, dans certains contextes, il est quasi miraculeux. Il m'arrive de venir en aide à des entreprises dont les nouveaux salariés peinent à apprendre le vocabulaire technique de leur nouvel environnement. Les opérateurs ont en effet affaire, au quotidien, à des listes de repères aux noms barbares. AC représente ainsi les chambres froides (je leur suggère alors d'imaginer une Anouk battant des cils dans une chambre froide); HL, l'arrosage automatique (dans mon esprit aguerri, je vois immédiatement une hache arroser des limes à ongles pour les faire pousser); MQ, une alarme incendie (je visualise alors une main armée d'une quille, tapant sur une alarme incendie). Cette méthode s'avère une aide précieuse lorsque l'on est face à 200 références à enregistrer.

Ces méthodes avancées peuvent sembler alambiquées pour des personnes non initiées. Elles ne font pourtant que perfectionner des techniques que nous utilisons, sans même le savoir, depuis toujours.

Do you speak kanji ?

Passer par un langage créé de toutes pièces pour en apprendre un autre, ou pourquoi faire simple quand on peut faire compliqué ? Non. Bien au contraire. Certaines langues sont très complexes à apprendre pour un Européen. C'est le cas des kanji (forme d'idéogrammes ou de logogrammes), qui composent la langue japonaise avec les hiragana et les katakana (deux syllabaires), au côté de l'alphabet latin dit romaji. Maîtriser les kanji ne vous permettra pas de communiquer de manière fluide avec des Japonais ; il vous faudra également apprendre la prononciation et la construction des phrases. Mais ils sont un prérequis.

En 2010, 2 136 kanji furent décrétés d'usage commun par le ministère de l'Éducation japonais. James Heisig, dans son livre *Remembering the Kanji* (sur lequel je me fonde dans ce chapitre), en identifie 224 « primitifs ». Ils contiennent des clés, ou des éléments visuels, qui permettent de construire les autres kanji. James Heisig associe à chacun de ces 224 kanji (qu'il appelle « primitif », parce qu'il y en a plus que de clés) une image concrète. Cela permet de visualiser de petites histoires. Ainsi, si vous connaissez ces 224 éléments primitifs, vous pourrez mémoriser plus facilement les nouveaux kanji composés.

Voici quelques clés :

口 = une «bouche». On peut imaginer une fenêtre géante qui serait la bouche d'un géant.

目 = un «œil». L'image correspondante est celle d'une échelle, sur laquelle grimpe un œil.

儿 = des «jambes humaines». Vous ne trouvez pas que ça ressemble véritablement à des jambes ?

八 = des «pattes d'animaux». Si l'on dessine un corps au-dessus, on obtient un chien qui court.

Associons-les maintenant pour former des kanji. Reconnaissez-vous les clés ?

見　　貝　　四

見 (regarder) = 目 (œil) + 儿 (jambes humaines)
貝 (fruit de mer) = 目 (œil) + 八 (pattes d'animaux)
四 (le chiffre quatre) = 口 (bouche) + 儿 (jambes humaines)

Une fois que vous connaissez les kanji primitifs, vous pouvez beaucoup plus facilement en apprendre de nouveaux en créant des histoires grâce aux clés.

Pour retenir le kanji correspondant au verbe «regarder», vous pouvez imaginer un homme regardant, au loin, un drôle de cortège d'yeux marchant sur des jambes.

Pour retenir le kanji correspondant au chiffre quatre, vous pouvez imaginer qu'un rat (4 selon le major système) géant s'apprête à mastiquer une paire de jambes humaines…

Pour retenir le kanji des fruits de mer, on peut imaginer un plateau de fruits de mer servi par un drôle de majordome : un œil sur pattes.

Ce système fonctionne, car nous donnons du sens à des formes étrangères. Votre vitesse d'apprentissage va devenir exponentielle : plus vous connaîtrez de nouveaux kanji, plus vous pourrez les lier entre eux.

Bienvenue aux championnats de mémoire

Mémoriser des chiffres, des chiffres binaires, des visages et des noms, des formes abstraites, des jeux de 52 cartes, des listes de mots et des dates fictives. C'est ainsi que se décline le menu des trois jours que durent les championnats du monde de mémoire[1]. Alléchant, non ?

---

1. Pour un récit détaillé de la façon dont se déroulent les championnats du monde de la mémoire, vous pouvez lire le récit de Troels Donnerborg et Jesper Garskjaer, *L'Homme qui se souvient de tout*, Premier Parallèle, 2015, dont j'ai signé la préface.

Dans ce contexte particulier, la principale qualité requise est la rapidité. Chaque épreuve doit être abordée avec un langage spécifique, suffisamment maîtrisé pour être employé de manière quasi spontanée. Si vous voulez gagner encore en efficacité, on les mêle avec la méthode des lieux, de sorte à retrouver rapidement les informations. Il s'agit d'un véritable sport de haut niveau ; et les mnémonistes sont bel et bien des athlètes mentaux.

Les chiffres binaires : comment je suis devenu un ordinateur

Les chiffres binaires sont des listes de 0 et de 1. Vous n'y aurez probablement jamais affaire, mais je me devais de vous initier aux techniques les plus sauvages de ma discipline ! N'hésitez pas à sauter ce passage s'il vous paraît trop abscons. Pendant les championnats, ils sont présentés sous forme de lignes de 30 items. Par exemple : 011100100011100100100110000011. L'épreuve consiste à en mémoriser un maximum en trente minutes. À l'heure où j'écris ces lignes, le record du monde est de 5 040 chiffres, soit 168 lignes. Mais il sera probablement battu dans quelques mois.

Pour mémoriser les chiffres binaires, je passe par les chiffres décimaux qui ont déjà une image associée grâce au major système.

Comment transformer des listes de 0 et de 1 en chiffres décimaux ? Je les groupe par ensembles de trois, puis j'utilise la règle mathématique de transformation entre binaires et décimaux :
Le binaire : 000 = $0*2^2+0*2^1+0*2^0$ = 0
Le binaire : 001 = $0*2^2+0*2^1+1*2^0$ = 1
Le binaire : 010 = $0*2^2+1*2^1+0*2^0$ = 2
Le binaire : 011 = $0*2^2+1*2^1+1*2^0$ = 3
Le binaire : 100 = $1*2^2+0*2^1+0*2^0$ = 4
Le binaire : 101 = $1*2^2+0*2^1+1*2^0$ = 5
Le binaire : 110 = $1*2^2+1*2^1+0*2^0$ = 6
Le binaire : 111 = $1*2^2+1*2^1+1*2^0$ = 7
Chaque groupe de trois binaires équivaut ainsi à un chiffre compris entre 0 et 7. S'il l'on considère deux groupes de trois binaires, on obtient un nombre à deux chiffres que l'on peut transformer en une image grâce au major système :
010 001 = 21
110 011 = 63
etc.
J'admets qu'au-delà de la pure performance, l'utilité au quotidien est assez réduite. Mais avouez que je vous ai convaincu qu'avec une structure, du sens et de l'éclat, on peut vraiment mémoriser tout et n'importe quoi...

UNE MÉMOIRE INFAILLIBLE

Les images abstraites

L'épreuve des images abstraites est celle que je préfère. Non pour son utilité, mais pour l'effort qu'elle fait porter sur le « muscle » de l'imagination. L'athlète a devant lui des taches qui ressemblent à celles des tests de Rorschach utilisés en psychiatrie. Elles sont disposées par groupes de cinq. Le défi est, comme avec les chiffres binaires, de mémoriser le plus de lignes possible.

Au bout de quinze minutes de préparation, les compétiteurs reçoivent une feuille sur laquelle apparaissent les mêmes formes, mais dans le désordre. Il ne nous reste plus (si j'ose dire) qu'à noter leur position sous chacune d'entre elles.

Avez-vous déjà observé, allongé sur l'herbe, la forme des nuages se déplaçant lentement dans le ciel ? Dinosaures, arbres, éléphants, vaisseaux spatiaux... Le ciel abrite parfois un monde insoupçonné. Eh bien, je vous propose ici de faire la même chose. De lâcher la bride de votre imagination, de déverrouiller les mécanismes rationnels qui entravent la créativité. Le monde est sujet à métamorphoses.

Prenons les taches qui figurent ci-dessus. Si je me laisse aller à une libre interprétation, je parviens, pour ma part, à reconstituer l'histoire suivante :

La première texture évoque pour moi une fleur, les pétales de rose. Dans la deuxième image, je vois des formes ressemblant à des œufs ; j'imagine alors une rose poussant sur un œuf. La troisième m'évoque un ange noir ; il peut très bien se cacher dans un œuf. En quatrième position, un paysage marin avec des rochers isolés dans l'océan. Pour finir, les points de la dernière texture me font penser à une coccinelle. Je reconstitue alors l'histoire suivante : une rose pousse sur des œufs. Ces derniers se cassent ; un ange en sort et veut retourner chez lui. Il habite sur un rocher en plein milieu de l'océan. Sur ce rocher vivent des coccinelles. Et me voici arrivé à ma dernière image.

Lors de mes premières compétitions, j'y suis allé avec mon imagination pour seule et unique arme. Comme pour les chiffres, j'ai rapidement appris, à mes frais, que la réussite nécessitait une technique singulière. Une des méthodes les plus utilisées à ce jour consiste à lister les 158 textures proposées lors des championnats et de s'amuser à les associer à un objet, un personnage ou une action. Seul intérêt à ce stade : entraîner votre imagination. Et mieux comprendre la solitude qui étreint parfois les champions de la mémoire… !

UNE MÉMOIRE INFAILLIBLE

Les jeux de cartes

Dominic O'Brien, huit fois champion du monde de la mémoire, est célèbre pour avoir retenu cinquante-quatre paquets de cinquante-deux cartes en les regardant une seule fois, soit une suite de 2 808 cartes (il a commis huit petites erreurs, nul n'est parfait). Mais il est tout aussi connu pour être interdit de casino dans le monde entier, du fait de sa mémoire des cartes exceptionnelle ! Mémoriser des jeux de cartes à la suite, voilà qui en fait rêver plus d'un.

Comment réussit-on ce tour de force ? En s'entraînant encore et toujours. Je le fais, pour ma part, tous les matins. Et en connaissant les bonnes techniques. Le principe de base est toujours le même : donner du sens à l'information en transformant nos cartes en une scène qui nous permette de convoquer nos cinq sens.

Voici les deux systèmes les plus communément utilisés lors des championnats.

Système des consonnes

Les cartes sont structurées en quatre couleurs (cœur, carreau, trèfle et pique), qui s'appliquent chacune à treize cartes : de 1 à 10, plus le valet, la dame et le roi. Nous considérons ici que le valet représente le 11, la dame le 12, le roi le 13. Chaque carte est donc définie par deux paramètres : la couleur et le chiffre. Le principe consiste à transformer ces paramètres en lettres ou en syllabes afin de constituer des mots. En voici les matrices :

Trèfle : T ; pique : P ; carreau : Ca ; cœur : Co

Pour les chiffres, nous appliquons l'alphabet major système que je vous ai présenté au début de ce chapitre.

10 = 0 (comme il n'y a pas de carte « 0 », on transforme, par convention, le 10 en 0).

11 (Valet) = tt ou dd, td ou dt.

12 (Dame) = tn ou dn.

13 (Roi) = tm ou dm.

On indique la couleur d'abord, le chiffre ensuite.

Le 3 de cœur devient ainsi Co et M, soit un commis ou une commère...

Voici la matrice complète que j'utilisais lors de mes championnats (depuis, ce système a évolué avec des associations issues de mon expérience). Une fois que cet alphabet est intégré, il ne reste plus qu'à placer les cartes dans un palais de mémoire... Je vous laisse méditer à votre prochaine partie de poker.

UNE MÉMOIRE INFAILLIBLE

	♥	♦	♣	♠
1	Côte	Caddie	Tata	Pâte
2	Cône de glace	Canne	Tonneau	Poney
3	Commis	Camion	Tam-tam	Pomme
4	Corps	Car	Taureau	Paris
5	Collant	Câlin	Talon	Pile
6	Cochon	Cachet	Tache	Pêche
7	Coque, Coca	Caca	Toque	Pâques
8	Couffin	Café	Touffe	Paff
9	Copain	Cape	Tapis	Papa
10	Coussin	Case	Tasse	Passe
Valet (11)	Coton-tige	Candide	Étudiante	Patate
Dame (12)	Continent, comptine, Condamné	Cadenas	Tétine	Patinette
Roi (13)	Coutume	Cadmium	Tatami	Podium

Par thème

Il s'agit cette fois-ci d'associer une idée, représentant la couleur, à un personnage, correspondant au rang. Voici celui proposé par le Britannique Ed Cooke, un ancien champion de mémoire, très drôle et charismatique. Bien entendu, vous pouvez décliner les caractéristiques des personnages à l'envi en puisant dans votre culture personnelle.

		♥ amour	♦ Argent	♣ Chance	♠ Maléfique
1	Sportive F				
2	Sportif H				
3	Star de cinéma F				
4	Star de cinéma H				
5	F controversée				
6	H controversé				
7	Une scientifique				
8	Un scientifique				
9	F de pouvoir				
10	H de pouvoir				
Valet (11)	Religieux				
Dame (12)	Célébrité F				
Roi (13)	Célébrité H				

Rien de plus subjectif que ce tableau, que je serais bien incapable de remplir à votre place – ce que je vous invite bien sûr à faire.

Vous pouvez tout à fait mélanger les deux structures, voire inventer la vôtre. Le plus important n'est pas le système choisi, mais le fait d'obtenir, pour chaque carte, une représentation suffisamment évocatrice pour qu'elle s'imprime dans votre mémoire.

Même si vous n'envisagez pas de concourir au titre de champion de France de la mémoire (je le garde encore un peu), retenir des cartes est un bon exercice, facile à pratiquer, amusant et qui permet de voir avec quelle rapidité l'on progresse.

Exercice n° 1

1. Après avoir complété l'une des deux matrices ci-dessus, commencez par construire un lieu de mémoire disposant de cinquante-deux emplacements (voir « structurer un lieu » au chapitre trois).

2. Entraînez-vous à être réactif avec votre système, c'est-à-dire à réduire le temps nécessaire entre le moment où vous regardez une carte et celui où l'image surgit dans votre tête. Pour ce faire, égrenez les cartes de votre jeu et cherchez à retrouver l'image que vous lui avez associée. Au début, cela vous prendra un certain temps ; mais avec de l'entraînement, vous parcourrez

tout votre paquet en moins de trente secondes – promis.

Visitez régulièrement votre palais de mémoire. N'hésitez pas à vous chronométrer. Je mets, pour ce qui me concerne, moins de dix-huit secondes pour visiter les cinquante-deux arrêts de tous les palais dédiés aux cartes que j'ai choisies.

3. Lancez-vous enfin dans la mémorisation d'un paquet de cartes. Mélangez-les, puis placez-les dans votre palais. Ensuite, saisissez-vous d'un autre paquet et rangez les cartes dans le même ordre que celui que vous avez déjà mémorisé.

En moins d'une semaine, à raison d'une demi-heure d'entraînement par jour, vous pourrez y parvenir en moins de dix minutes (c'est ce que je constate avec mes élèves). Avec plus de persévérance, vous passerez facilement en dessous des soixante secondes.

Les systèmes plus avancés

Lorsqu'en 1991, les premiers championnats du monde ont vu le jour, Dominic O'Brien était capable de mémoriser un paquet en deux minutes. Tout le monde pensait alors qu'il serait humainement impossible de descendre en dessous de trente secondes. Aujourd'hui, le record est officiellement détenu par Simon Reinhard qui, en 2015, y est parvenu en vingt secondes et quarante-quatre centièmes. La barre des vingt secondes a en vérité été franchie par plusieurs compétiteurs sur des logiciels d'entraînement, mais aucune de ces performances n'a encore été enregistrée en championnat. Comment une telle marge de progression est-elle possible ?

Je vois deux raisons à cette évolution fulgurante. Le sport de la mémoire est, en tant que tel, encore jeune (même s'il plonge ses racines dans l'Antiquité), peu suivi, peu formalisé. Aucun préparateur physique, médecin, diététicien, coach mental n'accompagne les compétiteurs. Cela viendra peut-être. Une chose est sûre : les records actuels seront vite obsolètes. Par ailleurs, en vingt-cinq ans, les stratégies de mémorisation ont beaucoup évolué. Certains sont extrêmement techniques. Jusqu'à présent, je ne vous ai proposé que des systèmes « simples » (si si). Voici, très rapidement, quelques systèmes plus avancés, qui font référence dans le monde des mnémonistes.

Le PAO système

Difficile de savoir qui a inventé ce système. Dans les années 2000, Andy Bell, un champion du monde, l'utilisait déjà. Au lieu de stocker une seule image par emplacement de lieu, nous y plaçons trois images, en générant une histoire plus complexe qui met en scène un Personnage, une Action et un Objet.

Prenons un exemple, inspiré par mes associations sur les chiffres. Grâce au major système, vous avez généré 100 images de 00 à 99. Votre 43 est peut-être une rame. Ce qui représente un objet. Pour constituer votre PAO système, il va falloir trouver un personnage et une action correspondant à ce chiffre. Mon personnage est un ami avec qui j'ai fait du kayak, et l'action consiste à mettre un coup dans l'eau avec la rame. Voici deux autres exemples :

26 : de la neige. Personnage : un bonhomme de neige ; action : faire une bataille de boules de neige ; objet : des flocons de neige.

96 : la pêche. Personnage : mon grand-père pêcheur ; action : pêcher, objet : une canne à pêche.

Et voici les histoires que nous pouvons créer avec les trois listes de chiffres suivantes :

432696 : un kayakiste (mon ami) fait une bataille de boules de neige avec des cannes à pêche. J'imagine que cet ami lance les projectiles grâce à sa canne.

264396 : un bonhomme de neige donne des coups dans l'eau avec sa canne à pêche.

962643 : un pêcheur (mon grand-père pour moi) se livre à une bataille de boules de neige, une rame à la main. Il s'en sert pour lancer les boules.

Ce système, il est vrai assez complexe, permet de créer des histoires plus diversifiées (voire complètement délirantes), ce qui diminue les risques d'erreurs lorsqu'on mémorise de longues listes. Il autorise par ailleurs l'usage de lieux moins vastes. Il requiert la création d'un système trois fois plus important. Au lieu d'avoir cent images pour les chiffres de 00 à 99, il en faut 300, et 156 pour les cartes au lieu de 52. L'investissement est considérable, mais il octroie la liberté, inestimable lorsque l'heure tourne en championnat, de stocker plus d'informations dans un même lieu (3 cartes ou 6 chiffres par halte dans votre palais de mémoire).

Dans le même esprit, certains utilisent des systèmes PA (personnage-action), PO (personnage-objet), PAOH (personnage-action-objet-habit)... Libre à vous d'inventer le vôtre, l'idée étant de devenir une fabrique à histoires...

Le Ben système

Mis en place par Ben Pridmore, triple champion du monde, principalement grâce à ses performances en mémorisation de cartes. Son record est de 28 paquets (1 456 cartes) en une heure. Pas mal, non ? Constatant que les mêmes images revenaient souvent, ce qui augmentait les risques d'inversion, il a mis en place un système avec 2 704 images. Au lieu d'avoir une image pour chaque carte, il a une image pour chaque couple de cartes. 1 ♣ 3 ♦ aura une image et le 3 ♦ 1 ♣, une autre complètement différente.

Le système est également basé sur la phonétique, entre des consonnes et des voyelles. Inutile de développer le sujet ici, car la stratégie est clairement destinée à des compétiteurs très avancés. Ces exemples sont là pour vous montrer l'étendue des déclinaisons possibles d'un seul principe : graver dans notre mémoire des informations converties en narrations…

« Pourquoi ne joues-tu pas au poker, au blackjack ou au bridge ? Tu ferais des étincelles. » C'est une des questions qui me sont le plus souvent posées. De fait, certains champions étrangers l'ont fait pour arrondir leurs fins de mois. Première raison, surmontable : les systèmes de mémorisation que j'ai mis au point sont optimisés pour la compétition. Il faudrait les adapter pour le casino. Par ailleurs, les conditions, en championnat, sont idéales. On n'entend pas une mouche voler, la concentration de tous est maximale. À une table de jeu, le défi consiste précisément à faire croire que l'on n'est pas concentré. Pour parvenir à mémoriser sans que cela se voie, il faut un entraînement de tous les instants. Or je préfère, pour ma part, consacrer mon temps à chercher de nouvelles stratégies pour mes élèves, afin de leur permettre de réussir leurs concours ou leurs examens. Mais si un jour un de mes élèves me demande de l'aider à gagner au jeu, je pourrais probablement l'aider…

CHAPITRE 5

Une mémoire infinie

Vous voici sur le point de devenir un athlète.

Si vous avez déjà fait de la compétition sportive, vous savez combien l'entraînement est important et combien il peut être intense. Or la mémoire est un sport, au même titre que le basket, le kayak ou le patinage artistique. Sans exercice régulier, le jour de l'épreuve, vous risquez d'avoir perdu vos automatismes et d'échouer. Il suffit de les entretenir en douceur. Or les occasions ne manquent pas. Elles sont même quotidiennes. Essayez déjà de perdre le réflexe de demander à Internet ce à quoi vous pourriez faire l'effort de répondre...

Vous maîtrisez, à ce stade de la lecture, l'essentiel des stratégies de mémorisation existantes. Il vous reste à les appliquer, dans l'ordre ou dans le désordre, seules ou en combinaison. Comme bon vous semble, selon la nature de ce que vous

souhaitez retenir, et peut-être un peu votre humeur...
À vrai dire, nous avons déjà commencé au cours des chapitres précédents, mais nous allons éprouver cette méthode en l'appliquant à des informations plus complexes.

L'objectif de ce chapitre est de vous inciter à personnaliser ce que vous avez appris jusqu'ici. N'oubliez pas que le processus de mémorisation est fondé sur vos propres expériences. Plus vous serez à l'aise avec vos associations, plus vous irez vite et plus aisément vous imprimerez ce que vous souhaitez retenir dans votre cerveau. De la même manière, choisissez les techniques qui vous parlent le plus. Si l'on n'affronte pas des champions surentraînés, toutes celles évoquées sont efficaces. L'essentiel est que vous vous sentiez en confiance. Vous avez sans doute déjà remarqué que certaines stratégies vous convenaient plus que d'autres. Faites-en un usage immodéré. Et, si possible, combinez-les : on est plus fort à plusieurs, et, pour épuiser les dictons, plus on est de fous, plus on s'amuse...

S'amuser et être efficace, pas mal comme programme.

Apprendre des langues

Nous avons vu dans le chapitre consacré au SAC comment mémoriser le vocabulaire d'une langue étrangère. Je vous propose ici de retenir des informations plus complexes.

UNE MÉMOIRE INFINIE

Les verbes irréguliers

La connaissance des verbes irréguliers – qui n'échappe pas au par cœur – exige de connaître quatre informations différentes : l'infinitif, le prétérit, le participe passé et la traduction.

Ainsi *ride*, *rode*, *ridden* : aller à cheval ou à vélo.

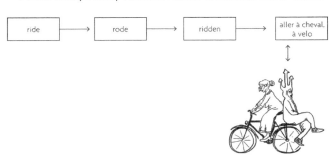

En mélangeant le SAC et le SEL, j'imagine une vieille personne très **rid**ée, qui a revêtu une **ro**be pour se rendre à une soirée déguisée. Elle y retrouve un vieil ami qui s'est, lui, déguisé en **trid**ent. Après avoir dansé ensemble, ils repartent joyeusement à vélo, l'un conduisant, l'autre sur le porte-bagages.

Shake, shook, shaken : secouer.

Shake : un check entre deux adolescents ; *shook :* un shoot de foot ; *shaken :* chacun son tour ; secouer : un homme qui se fait secouer.

Ce qui donne, dans mon imagination galopante : un jeune qui **check**e un ballon de foot, puis le **shoot**. À côté de lui, une rangée de 1 000 ballons attendent sagement, **chac**un leur tour. Mais le ballon heurte la tête du goal, très **secoué**...

À votre tour. Entraînez-vous avec d'autres verbes irréguliers. Par exemple : *to eat* ?

Retenir le genre dans une langue

L'anglais n'est pas concerné par cette problématique. Mais combien de fois, dans d'autres langues, peinons-nous à retrouver le genre d'un mot ?
Prenons l'exemple de l'espagnol.
La mantequilla : le beurre.
Vous pouvez mettre à profit deux outils différents.
La méthode des lieux, tout d'abord. L'exercice nécessite la construction de deux lieux très différents. Par exemple, un parc et votre appartement. Dans l'un, vous déposerez tous les mots masculins dont vous avez du mal à vous souvenir ; dans l'autre, les vocables féminins.

L'autre possibilité consiste à créer un langage en associant les mots féminins à une femme (quiconque vous plaira). Idem pour le genre masculin.

La mantequilla : le beurre deviendra ainsi une bouteille de tequila vêtue d'un manteau taché de beurre, nettoyé par la femme en question (une actrice, une collègue, une amie ou votre mère, je vous laisse le choix de votre icône!).

Maîtriser la géographie

La méthode la plus utilisée pour apprendre des cartes de géographie est très sommaire. Elle consiste à regarder la carte, à fermer les yeux, à prendre une carte vierge et à (essayer désespérément de) replacer ce que l'on vient de lire. Notez que ce n'est pas absolument inefficace : au bout d'un certain temps, en général au moment où vous commencez à développer un torticolis à force d'être baissé sur votre table, vous êtes capable de restituer les informations. La méthode tortionnaire finit par marcher. Si vous recommencez ce manège le lendemain, le surlendemain, le jour suivant, etc., vous finirez par connaître la carte en question. Il existe cependant, vous vous en doutez, une façon plus rapide, plus amusante et plus pérenne d'obtenir le même résultat.

Prenons la carte de l'Europe. L'objectif dans cet exercice est de pouvoir placer sur une carte vierge les noms des pays à partir du dessin des frontières. Pour ce faire, nous allons mélanger la méthode du SAC avec la méthode du SEL.

Vous souvenez-vous de l'épreuve des formes abstraites, présentée au chapitre précédent?

L'exercice vous a probablement paru loin de vos préoccupations. Il s'avère pourtant très utile dès qu'il s'agit de mémoriser des informations géographiques. Considérez les pays comme des nuages fixes. Allongez-vous mentalement devant la carte, et laissez l'inspiration venir à vous. Vous voyez immédiatement la botte de l'Italie ? Vous allez bientôt voir autant de formes qu'il y a de pays. Affûtez votre imagination et saisissez-vous de votre SAC.

Penchons-nous sur les frontières de la Croatie. Qu'y voyez-vous ? La bouche d'un crocodile, la furcula (l'os du poulet en forme de V), un bec d'oiseau ? Admettons que vous visualisiez un crocodile. Jouons maintenant avec le mot « Croatie » : **croasser** ? Maintenant, fusionnons les deux et imaginons un crocodile croassant.

L'Islande ressemble à une baleine ; vous pouvez l'imaginer en train de se reposer sur une île.

La forme de l'île d'Eubée, au sud-est de la Grèce, peut faire penser à un perchoir ou à un plongeoir. Le mot « Grèce » évoque l'Antiquité – temples, statues – ou phonétiquement (et plus prosaïquement) de la **graisse**. Soit Vénus s'apprêtant à plonger.

Vous avez compris le principe ? Alors, passons à la vitesse supérieure en associant le SEL.
Rien n'interdit en effet d'appliquer cette stratégie à plusieurs pays, de sorte à en retenir l'emplacement par rapport aux autres. Ainsi, les frontières de l'Allemagne et de la Pologne sont comme deux rugbymen lors d'une mêlée. L'un dit à l'autre, qui porte un **polo** (Pologne) : « **Allez, magne** » (Allemagne).
Intégrons les pays alentour. Ils font une mêlée, mais, dans le monde des arts de mémoire, les règles ne sont pas tout à fait les mêmes que dans le nôtre : avant de lancer le ballon, ils doivent faire un **check** (République tchèque). L'homme au polo pousse tellement fort que le ballon explose et que des **litres** (Lituanie) de **lait** (Lettonie) s'en

échappent et s'écoulent sur une grosse pierre (**stone** en anglais : Estonie).

Quant à la France et Hulk (Ukraine), ils se livrent à un tir à la corde. Le Français, sûr de perdre, sort son couteau suisse (Suisse) et commence à couper la corde. L'arbitre, une autruche (Autriche), le voit. En guise de pénalité, il doit danser un **slow**. **Av**ec **qui** (Slovaquie)? Avec Hulk (Ukraine).

La Biélorussie ressemble à un fauteuil avec accoudoirs. Non? J'imagine une belle Russe qui s'y languit. Elle peut faire un lien entre Hulk et les rugbymen. Par chance, les litres de lait sont passés juste à côté d'elle. Après une frayeur, elle regarde en dessous d'elle et aperçoit Hulk en train de faire un tir à la corde.

Vous avez compris la logique? Maintenant, à vous de créer votre propre histoire avec les pays suivants :

Roumanie, Hongrie et Slovénie :
– la forme de la Roumanie ressemble à un poisson **roux** très **mani**aque (Roumanie);
– celle de la Hongrie, à un pistolet à **on**des, tout **gris** (Hongrie);
– celle de la Slovénie, à un projectile volé à des extraterrestres logeant dans un **ovni** (Slovénie).

Une fois passée cette première étape, il suffit de rattacher les pays orphelins aux autres.

La Moldavie pourrait ainsi être un chapeau pour le poisson. Un chapeau bien utile pour masquer un affreux **moll**usque déposé sur son crâne (pardon, l'outrance ne permet pas toujours l'élégance).

Autre exemple, celui des pays ayant accès au bassin méditerranéen, après l'Italie. Nous allons cette fois combiner les méthodes du SAC, des formes, du SEL et des concaténations :

Slovénie, Croatie, Bosnie, Monténégro, Albanie, Grèce :
– Slovénie : un ovni ;
– Croatie : votre crocodile ;
– **Bo**snie, **M**onténégro, **A**lbanie et **Grè**ce : un « beau magret » (concaténation).
Résultat : un ovni se pose sur un croissant géant qui dégustait tranquillement un beau magret au bord de la Méditerranée.

Normalement, vous pouvez placer sur la carte au moins vingt pays, plus tous ceux que vous connaissiez déjà. Je vous invite à terminer cet exercice en choisissant la stratégie qui vous inspire avec les pays suivants :
– Serbie et Macédoine ;
– Norvège, Suède, Islande et Finlande ;
Et bien sûr tous ceux, le cas échéant, que vous ne connaissez pas.

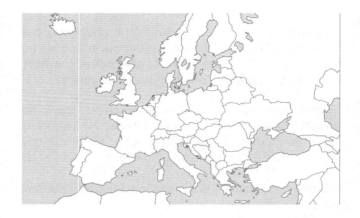

Tableau périodique des éléments

Qui n'a jamais rêvé de pouvoir réciter le tableau périodique des éléments ? Comment ça... pas vous ?

Certes, l'intérêt de l'exercice réside davantage dans la performance que dans l'usage. Quoique. Au cours de mes études scientifiques, j'ai souvent été confronté à ce tableau. Imaginer que toute la matière qui nous entoure puisse être décrite en 118 atomes... Voilà qui me laisse encore coi. Je dois avouer qu'il m'a fait souffrir et que l'idée de pouvoir le restituer sans ciller relevait du fantasme. Disons qu'aujourd'hui, je tiens ma revanche.

Les rares personnes qui connaissent ce tableau l'ont appris grâce à des concaténations. Voici les plus célèbres :
Lili **Be**rça **B**ébé **C**hez **N**otre **O**ncle **F**ernand **Ne**stor servent à retenir la deuxième ligne : Li, Be, B, C, N, O, F, Ne.
Napoléon **M**angea **Al**légrement **Si** **P**oulets **S**ans **Cl**aquer d'**Ar**gent aide à mémoriser la troisième ligne : Na, Mg, Al, Si, P, S, Cl, Ar.

Cette méthode permet d'être très rapide. Elle est cependant inopérante dès que l'on souhaite être capable de citer rapidement le vingt-deuxième élément sans repartir du début. Impossible par ailleurs d'associer à l'élément les masses atomiques ou les groupes caractéristiques. Pour ce faire, la méthode des lieux est bien plus pertinente.

Prenez le premier lieu que vous avez créé, votre propre lieu de vie (à moins que vous ne l'ayez déjà utilisé pour d'autres informations, auquel cas il vous faut en créer un autre). Celui-ci doit être composé d'au moins vingt arrêts, soit quatre zones disposant chacune de cinq emplacements. Même si, dans l'idéal, il faudrait des pièces de dix emplacements – j'y reviendrai plus tard.

Revisitez-le mentalement. Êtes-vous prêt à y déposer vos atomes ?

Avant de commencer à les mémoriser, je vous propose de revenir sur les informations présentes dans ce fameux tableau. Il est usuellement composé de sept lignes. Deux atomes figurent sur

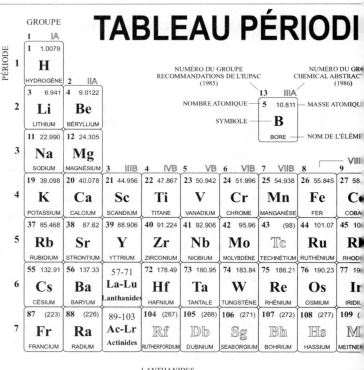

QUE DES ÉLÉMENTS

	18 VIIIA
	2 4.0026 **He** HÉLIUM

13 IIIA	14 IVA	15 VA	16 VIA	17 VIIA	
5 10.811 **B** BORE	6 12.011 **C** CARBONE	7 14.007 **N** AZOTE	8 15.999 **O** OXYGÈNE	9 18.998 **F** FLUOR	10 20.180 **Ne** NÉON
13 26.982 **Al** ALUMINIUM	14 28.086 **Si** SILICIUM	15 30.974 **P** PHOSPHORE	16 32.065 **S** SOUFRE	17 35.453 **Cl** CHLORE	18 39.948 **Ar** ARGON

10	11 IB	12 IIB						
28 58.693 **Ni** NICKEL	29 63.546 **Cu** CUIVRE	30 65.38 **Zn** ZINC	31 69.723 **Ga** GALLIUM	32 72.64 **Ge** GERMANIUM	33 74.922 **As** ARSENIC	34 78.96 **Se** SÉLÉNIUM	35 79.904 **Br** BROME	36 83.798 **Kr** KRYPTON
46 106.42 **Pd** PALLADIUM	47 107.87 **Ag** ARGENT	48 112.41 **Cd** CADMIUM	49 114.82 **In** INDIUM	50 118.71 **Sn** ETAIN	51 121.76 **Sb** ANTIMOINE	52 127.60 **Te** TELLURE	53 126.90 **I** IODE	54 131.29 **Xe** XÉNON
78 195.08 **Pt** PLATINE	79 196.97 **Au** OR	80 200.59 **Hg** MERCURE	81 204.38 **Tl** THALLIUM	82 207.2 **Pb** PLOMB	83 208.98 **Bi** BISMUTH	84 (209) **Po** POLONIUM	85 (210) **At** ASTATE	86 (222) **Rn** RADON
110 (281) Ds DARMSTADTIUM	111 (280) Rg ROENTGENIUM	112 (285) Cn COPERNICIUM	113 (...) Uut UNUNTRIUM	114 (287) Fl FLEROVIUM	115 (...) Uup UNUNPENTIUM	116 (291) Lv LIVERMORIUM	117 (...) Uus UNUNSEPTIUM	118 (...) Uuo UNUNOCTIUM

Copyright © 2012 Eni Generalić

63 151.96 **Eu** EUROPIUM	64 157.25 **Gd** GADOLINIUM	65 158.93 **Tb** TERBIUM	66 162.50 **Dy** DYSPROSIUM	67 164.93 **Ho** HOLMIUM	68 167.26 **Er** ERBIUM	69 168.93 **Tm** THULIUM	70 173.05 **Yb** YTTERBIUM	71 174.97 **Lu** LUTÉTIUM
95 (243) Am AMÉRICIUM	96 (247) Cm CURIUM	97 (247) Bk BERKÉLIUM	98 (251) Cf CALIFORNIUM	99 (252) Es EINSTEINIUM	100 (257) Fm FERMIUM	101 (258) Md MENDELÉVIUM	102 (259) No NOBÉLIUM	103 (262) Lr LAWRENCIUM

Source : http://www.periodni.com/fr/

la première, huit sur la deuxième et sur la troisième, dix-huit sur la quatrième et la cinquième. Les lignes suivantes contiennent encore davantage d'atomes. Dans chaque case figurent au minimum quatre informations selon le niveau de détail du tableau : le nom de l'atome, son rang (le numéro atomique), son symbole chimique et une masse atomique (avec beaucoup de chiffres). Nous pourrions bien sûr ajouter d'autres informations (électronégativité, point de fusion, configuration électronique, première énergie d'ionisation), mais commençons par quatre. Ce n'est déjà pas si mal.

Premier atome, l'hydrogène ; numéro atomique : 1 ; symbole : H ; masse : 1.00794.

Sauf exception, le symbole chimique correspond à la première ou aux premières lettres du nom. Donc, inutile de mémoriser les deux : le nom suffit.

Le numéro atomique sera représenté par la position de l'image dans le palais de mémoire. La masse sera représentée grâce au major système. Commençons par mémoriser les deux premiers chiffres. Je vous laisse le soin de travailler vos histoires si vous souhaitez en retenir davantage.

Mémorisons ensemble les dix premiers atomes, dans l'ordre, grâce à votre lieu. Dans les exemples suivants, je vais vous proposer des connexions « logiques », où les atomes interviennent réellement. Si vous n'êtes pas à l'aise avec ces connexions, vous pouvez bien sûr utiliser votre imagination.

1. H, Hydrogène, masse : 1,00794
Notre soleil est principalement constitué d'hydrogène. Imaginons un soleil.
Sa masse est de 1, comme son rang. Inutile, donc, de créer une image pour la masse.
Positionnez dans votre premier lieu votre soleil ou une autre image si vous préférez.

2. He, Hélium, masse : 4,00260
L'hélium est utilisé pour les dirigeables ; c'est un gaz inerte inflammable. Pour sa masse (4,002), nous pouvons imaginer un rat (quatre selon le major système).
Je vous laisse disposer un dirigeable, dont le capitaine est un rat, au niveau de votre deuxième halte de la première pièce.

3. Li, Lithium, masse : 6,941
Le lithium est utilisé pour la fabrication de batteries, notamment celles des voitures électriques. Je vous propose de vous représenter une batterie portant un chapeau (6,9).

4. Be, Béryllium, masse : 9,01218
Vous connaissez forcément l'émeraude ou l'aigue-marine, toutes deux issues du béryl, une espèce minérale. Un des composants de ces pierres est le béryllium. Vous pouvez imaginer un bois (9) se transformant en émeraude.

5. B, Bore, masse : 10,811

Le bore est un des composants de certaines raquettes de tennis très légères. Image : une raquette de tennis smashe dans une tasse (10).

6. C, Carbone, masse : 12,0107

Les mines de crayon sont composées de carbone. Image : un crayon trempe dans un tonneau (12).

7. N, Azote, masse : 14,00674

Première exception en ce qui concerne le symbole. N vient du latin *nitrogenium*. Très froid lorsqu'il est liquide, il est utilisé en chirurgie. On vous a sans doute déjà brûlé une verrue à l'azote... Image : le mufle d'un taureau (14) est surmonté d'une immense verrue.

8. O, Oxygène, masse : 15,9994

Image : un talon (15) perce une grande bouteille d'oxygène destinée à la plongée.

9. F, Fluor, masse : 18,99840

Image : un dauphin (18) qui se brosse les dents avec du dentifrice (dont le fluor est l'un des principaux composants).

10. Ne, Néon, masse : 20,1797

Image : au plafond, un néon envoie une lumière vive, tout en projetant de l'anis (20).

Un conseil aux fous qui, comme moi, souhaitent relever le défi de mémoriser l'intégralité du tableau. Lors de la construction de votre palais de mémoire, faites en sorte de créer des zones contenant dix emplacements. Lorsque j'ai mémorisé les cent premiers atomes, j'ai structuré une vieille ferme (intérieur et extérieur) en dix espaces contenant chacun dix haltes. Lorsque je cherche à savoir quel est le cinquante-deuxième élément, je sais immédiatement qu'il s'agit du deuxième emplacement de la sixième pièce, soit le tellure.

Explorer le corps humain

206 os constants et plus de 600 muscles... La maîtrise de l'anatomie humaine m'a longtemps paru inaccessible. Jusqu'à ce que je m'y colle. Et que j'y parvienne sans peine. Depuis, j'enseigne cette technique à des élèves qui préparent le concours de médecine et à qui cela semblait tout aussi impossible... Aucun n'échoue.

Connaissez-vous le nom des petits os au niveau de notre poignet ? Ce sont les os du carpe. Ouvrez votre main, paume vers le bas, pouce vers l'intérieur. Nous allons commencer notre itinéraire par l'os le plus proche du pouce, en tournant dans le sens des aiguilles d'une montre pour la main droite, dans l'autre pour la main gauche.

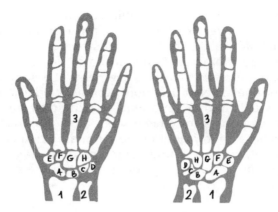

Trapèze (E), Scaphoïde (A), Lunatum (B), Triquetrum (C), Pisiforme (D), Hamatum (H), Capitatum (G), Trapézoïde (F).

Vous êtes, à ce stade, suffisamment rompu aux arts de mémoire pour que je passe directement à la phase narrative.

Sur un **trapèze** volant, un **scaph**andrier se balance. Tout à coup, il lâche la barre, fait quelques figures et atterrit sur la **lune**. Là, il est accueilli par un **criquet** géant qui l'invite à se baigner dans sa **pisci**ne. Au beau milieu du bassin est planté un bel arbre, auquel est accroché un **hama**c. L'autre arbre auquel il est fixé se transforme en grand drapeau blanc ; dessous, un homme qui **capit**ule. Curiosité : ce drapeau blanc est orné d'un petit spermato**zoïde** qui s'évade pour aller se balancer sur un autre **trapèze**.

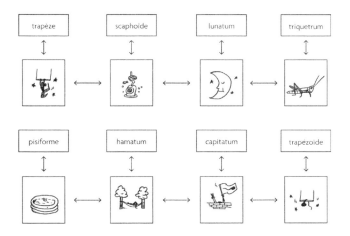

Vous connaissez la routine de réactivation : fermez les yeux, observez votre main et énoncez les différents os du carpe. Normalement, ça devrait être plus facile.

Avant la main, pourtant essentielle, le cerveau est la partie de notre corps à laquelle nous avons le plus recours. Attaquons-nous maintenant à ce qui commande tous nos actes.

Les lobes du cerveau

Comme vous le savez probablement, le cerveau est constitué de lobes. Voici un schéma les représentant de profil. Le lobe frontal correspond au front, le temporal, aux tempes. Jusque-là, tout va bien.

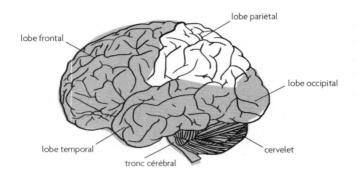

Reproduisons l'exercice auquel nous venons de nous livrer pour la main. Ou plutôt, reproduisez : vous n'avez plus besoin de moi, n'est-ce pas ?

1. Sélectionnez votre itinéraire : le point de départ et le point d'arrivée.
2. Travaillez vos propres associations.
3. Créez votre histoire.
4. Réactivez.

Nous vous avons laissé un petit espace ci-contre pour noter les connaissances que vous venez d'apprendre en un temps record.

Les livres d'anatomie ne manquent pas. Je vous laisse poursuivre seul votre voyage dans le corps humain.

Les départements français

Il fut un temps où le certificat d'études était la garantie de connaître la liste des départements français. Demandez à vos parents ou à vos grands-parents... C'est un savoir qui s'est plus ou moins perdu. Depuis que l'on peut choisir le département figurant sur sa plaque d'immatriculation, le jeu auquel, enfant, je me livrais avec ma sœur sur l'autoroute – comme vous, non ? – a perdu de sa saveur. Mais si vous voulez frimer devant vos aïeux, ceci est pour vous.

Cent un chiffres à associer à des départements... Maintenant que vous savez faire parler les chiffres, ce défi n'en est plus un pour vous. Comme tout langage, inutile de le maîtriser parfaitement pour commencer à l'utiliser. Pensez aux enfants : c'est en s'entraînant, en faisant de nombreuses erreurs, qu'ils apprennent à parler.

UNE MÉMOIRE INFAILLIBLE

N°	Département	N°	Département	N°	Département	N°	Département	N°	Département
1	Ain	21	Côte-d'Or	42	Loire	63	Puy-de-Dôme	84	Vaucluse
2	Aisne	22	Côtes-d'Armor	43	Haute-Loire	64	Pyrénées-Atlantiques	85	Vendée
3	Allier	23	Creuse	44	Loire-Atlantique	65	Hautes-Pyrénées	86	Vienne
4	Alpes-de-Haute-Provence	24	Dordogne	45	Loiret	66	Pyrénées-Orientales	87	Haute-Vienne
5	Hautes-Alpes	25	Doubs	46	Lot	67	Bas-Rhin	88	Vosges
6	Alpes-Maritimes	26	Drôme	47	Lot-et-Garonne	68	Haut-Rhin	89	Yonne
7	Ardèche	27	Eure	48	Lozère	69	Rhône	90	Territoire de Belfort
8	Ardennes	28	Eure-et-Loir	49	Maine-et-Loire	70	Haute-Saône	91	Essonne
9	Ariège	29	Finistère	50	Manche	71	Saône-et-Loire	92	Hauts-de-Seine
10	Aube	30	Gard	51	Marne	72	Sarthe	93	Seine-Saint-Denis

UNE MÉMOIRE INFINIE

N°	Département	N°	Département	N°	Département	N°	Département
11	Aude	31	Haute-Garonne	52	Haute-Marne	73	Savoie	94	Val-de-Marne
12	Aveyron	32	Gers	53	Mayenne	74	Haute-Savoie	95	Val-d'Oise
13	Bouches-du-Rhône	33	Gironde	54	Meurthe-et-Moselle	75	Paris	971	Guadeloupe
14	Calvados	34	Hérault	55	Meuse	76	Seine-Maritime	972	Martinique
15	Cantal	35	Ille-et-Vilaine	56	Morbihan	77	Seine-et-Marne	973	Guyane
16	Charente	36	Indre	57	Moselle	78	Yvelines	974	La Réunion
17	Charente-Maritime	37	Indre-et-Loire	58	Nièvre	79	Deux-Sèvres	976	Mayotte
18	Cher	38	Isère	59	Nord	80	Somme		
19	Corrèze	39	Jura	60	Oise	81	Tarn		
2A	Corse-du-Sud	40	Landes	61	Orne	82	Tarn-et-Garonne		
2B	Haute-Corse	41	Loir-et-Cher	62	Pas-de-Calais	83	Var		

Nous allons utiliser la méthode du SAC, associée au major système.

Le premier département, l'Ain, est presque trop facile : il se prononce comme le chiffre 1.

Le deuxième, l'Aisne, me fait penser à la laine d'un mouton. Je vois un mouton avec un gros nez (qui correspond au chiffre 2).

Le troisième, l'Allier, m'évoque un ailier. Je vois le basketteur français Nicolas Batum (évoluant au poste d'ailier), qui monte sur un mat (3).

Vous avez compris le principe. Passons sur les suivants.

Le vingt-troisième correspond à la Creuse. Soit un nem (23) géant qui creuse avec une pelle.

Le quatre-vingt-huitième, les Vosges, peut être retenu grâce à un fauve (88) avalant un petit veau (Vosges) avec appétit (et férocité).

Je vous laisse aller au bout de la liste. À proprement parler, un jeu d'enfant…

Évidemment, même si deviner d'où viennent les vacanciers sur l'autoroute du Sud est amusant, l'objectif final est de réussir à placer les départements sur une carte. À votre avis, comment faire ? Rappelez-vous les formes dessinées par les frontières des pays d'Europe. En agissant de même avec le tracé des départements, vous saurez les placer sans difficulté – et à vie, à condition de réviser de manière efficiente (nous verrons comment au chapitre suivant, patience).

UNE MÉMOIRE INFINIE

Mémoriser les visages

« Oh ! bonsoir ! Comment allez-vous ?
– Très bien, merci. Violaine, je te présente Sébastien, champion de France de mémorisation.
– Enchanté.
– Enchantée.
– ...
– ...
– Bonsoir », dit finalement cet homme, que vous avez vu à plusieurs reprises, mais dont vous ne vous souvenez pas du prénom, à la personne avec qui vous discutiez. « Je suis Christian. Et vous ? »

Cette situation pour le moins gênante vous rappelle vaguement quelque chose ? Rien de très étonnant à cela. Le fait de ne pas être physionomiste est un des leitmotivs de tous ceux que je rencontre et qui se plaignent de leur mémoire (soit presque tout le monde). Mais on ne naît pas physionomiste, pas plus qu'on ne naît avec les décimales de pi gravées sur les lobes de son cerveau (les lobes... tiens donc... ne serait-il pas temps de les réactiver ?). Ceux qui saluent de presque parfaits étrangers comme s'ils étaient leurs frères sont sensibles, probablement inconsciemment, à l'art de la caricature.

En 1990, des chercheurs britanniques ont mis en évidence le *« baker-baker paradox »*. Ils ont demandé à deux groupes de regarder un visage pris en photo. On a dit à l'un des groupes que l'homme s'appelait Boulanger (*baker* en anglais), à l'autre groupe qu'il *était* boulanger. Résultat : les membres du second groupe, visualisant spontanément un homme en tablier, recouvert de farine, les mains dans le pétrin, ont associé *«baker»* au visage bien plus longtemps que les autres. De manière générale, on retient davantage ce que l'on a pu visualiser ; c'est vrai aussi pour les visages... La première impression est toujours la bonne, dit l'adage. Je ne sais pas s'il a une quelconque valeur psychologique, mais je suis certain d'une chose : cette perception encore innocente porte en elle ce qui fait que vous vous souviendrez de quelqu'un. La personne a-t-elle un grand nez ? De grands yeux bleus ? Les pommettes hautes ? Un menton volontaire ? Une silhouette longiligne, ou au contraire trapue ? Une voix rauque ou ténue ? Lorsque vous songez à quelqu'un que vous connaissez bien et que vous essayez de vous le représenter, que vous vient-il à l'esprit ? Probablement quelques détails du type : «lunettes vertes», «toujours en tailleur», «grand sourire», «colérique», voire «à tel poste dans telle entreprise», «ami de Samy», etc.

Appliquée aux êtres humains, cette idée peut troubler : être réduit à quelques caractéristiques, n'est-ce pas ce à quoi nous cherchons à échapper à tout prix ? Certes. Mais comme toujours avec les arts de mémoire, il ne s'agit que d'éléments de réactivation, au même titre que les foulards que nouaient nos grands-parents sur les poignées de porte pour se souvenir de prendre tel document avant de quitter la maison. Bien sûr, la vérité des relations échappe complètement à cette réduction. Comme, d'ailleurs, le prénom et le nom d'un individu... Par ailleurs, c'est ainsi que nous fonctionnons. Nous associons naturellement des caractéristiques particulières à autrui, qui sont autant d'empreintes mémorielles. Et tant pis si cette connaissance, qui portait un grand manteau rouge le jour où vos chemins se sont croisés, ne porte plus que des vestes noires. Pour l'instant, jusqu'à ce que votre relation s'enrichisse de mille autres détails et que vous n'ayez plus besoin de parcourir un chemin mémoriel pour retrouver son prénom, elle sera toujours cette silhouette vive dans la grisaille d'un jour d'hiver.

Vous voici donc videur d'une discothèque branchée. Vous devez savoir qui laisser ou non entrer : l'habitué et le fauteur de troubles. Pour ce faire, il vous faut obtenir un dessin exagéré de ses traits. Ne reste plus qu'à appliquer la méthode du SAC pour lui associer un prénom, un nom, ou les deux. Prêt ?

Je me porte volontaire pour être votre premier cobaye. Comme vous le savez, je m'appelle Sébastien. À quoi vous fait penser ce prénom ? Il est relativement courant : vous en connaissez probablement un autre. Si ce n'est pas le cas, vous avez sans aucun doute déjà vu un épisode de *Belle et Sébastien*, la série mettant en scène la relation entre un petit garçon et son chien, un grand seigneur des Pyrénées. Disons que vous voyez un chien. Pour vous qui ne connaissez pas mon visage, mais qui lisez ce livre, ma caractéristique la plus prégnante est probablement le mot «mémoire». Ou le dessin du Super-Mémoire qui figure en couverture. Associez les deux : un Super-Mémoire fatigué de ses exploits, qui se repose sur un canapé en caressant un gros chien blanc. Pour ceux qui m'ont déjà vu, j'ai un épi sur le côté droit de mon crâne.

Au fil du temps, vous saurez que Sébastien fait de l'escalade et vit au bord de la mer. Qu'il a un sourire magnifique, un port altier, des yeux malicieux, qu'il sent bon, est toujours de bonne humeur et connaît des milliards de choses par cœur. C'est moi ! Comment ça, non ? Vous trouvez que je profite de la situation ?

Peu à peu, toutes ces qualités mêlées vont former une toile d'araignée, comme autant de ramifications créant des liens avec d'autres imaginaires. Je vais passer d'un super-héros fatigué à une personne accessible par d'innombrables chemins, j'espère plus flatteurs. L'outrance permet de créer un premier lien. Mais celui-ci va rapidement devenir un véritable réseau.

La méthode fonctionne avec tout le monde. Cette Sophie que l'on vient de vous présenter a des cheveux bouclés en cascade : vous pouvez associer un seau ou un sage (*sophia*, en grec, signifie sagesse) à une cascade dévalant des rochers dans une forêt que vous connaissez. Soit un seau recueillant l'eau, en aval. Ou Socrate faisant du rafting (une image qu'on ne s'autorise pas si souvent!).

Quant au Christian de ma petite scène introductive, il sera, pour un temps, un christ en croix essayant de se pencher vers vous pour vous souffler son prénom… gêné par un trou de mémoire que vous n'aurez plus jamais.

L'art de l'argumentation

«Apprendre des listes, c'est bien beau, mais ce qui m'intéresse, c'est le sens.» Je le conçois. Et Super-Mémoire a quelque chose pour vous dans son sac : rien n'empêche de retenir la structure d'un texte grâce aux méthodes vues jusqu'ici. Après tout, les éléments d'un raisonnement, mis les uns à la suite des autres, forment une liste d'arguments. Mémorisable au même titre que n'importe quelle autre liste.

Cela vaut non seulement pour les restituer, mais aussi simplement pour les comprendre. Qu'il s'agisse d'un cours ou d'un discours, que l'on soit élève, professeur ou simple lecteur, ces stratégies sont, de fait, très surprenantes.

Je le constate chaque jour dans ma pratique de formateur auprès d'étudiants. Je pense ainsi à deux jeunes élèves de terminale, stressés par l'épreuve d'économie du bac, qui approchait dangereusement. Après avoir structuré les informations grâce à une vingtaine de fiches de synthèse, ils les ont mémorisées grâce à la méthode des lieux. Le jour fatidique, il leur a fallu cinq petites minutes pour rassembler tous les éléments permettant de répondre à l'intitulé de l'épreuve. À tel point qu'ils m'ont raconté, en riant, que chaque fois que le surveillant passait à côté de leur table, ils craignaient d'être accusés de tricher : ils avaient l'équivalent de tout leur cours sous les yeux.

Rappelez-vous que les arts de mémoire, tombés en désuétude avec l'invention de l'imprimerie, étaient très usités par les orateurs dans l'Antiquité. Prenons un texte argumentatif qui a fait date : le discours contre la peine de mort de Robert Badinter, prononcé au Parlement le 17 septembre 1981. Nous n'irons pas jusqu'au bout. Mais considérons les premiers arguments :

> « Je regarde la marche de la France.
> La France est grande, non seulement par sa puissance, mais au-delà de sa puissance, par l'éclat des idées, des causes, de la générosité qui l'ont emporté aux moments privilégiés de son histoire.
> La France est grande parce qu'elle a été la première en Europe à abolir la torture malgré les esprits précautionneux qui, dans le pays, s'exclamaient à l'époque que, sans la torture, la justice française serait désarmée, que, sans la torture, les bons sujets seraient livrés aux scélérats.
> La France a été parmi les premiers pays du monde à abolir l'esclavage, ce crime qui déshonore encore l'humanité.

Il se trouve que la France aura été, en dépit de tant d'efforts courageux, l'un des derniers pays, presque le dernier – et je baisse la voix pour le dire – en Europe occidentale, dont elle a été si souvent le foyer et le pôle, à abolir la peine de mort.
Pourquoi ce retard ? Voilà la première question qui se pose à nous.
Ce n'est pas la faute du génie national. C'est de France, c'est de cette enceinte, souvent, que se sont levées les plus grandes voix, celles qui ont résonné le plus haut et le plus loin dans la conscience humaine, celles qui ont soutenu avec le plus d'éloquence la cause de l'abolition. Vous avez, fort justement, M. Forni, rappelé Hugo, j'y ajouterai, parmi les écrivains, Camus. Comment, dans cette enceinte, ne pas penser aussi à Gambetta, à Clemenceau et surtout au grand Jaurès ? Tous se sont levés. Tous ont soutenu la cause de l'abolition. Alors pourquoi le silence a-t-il persisté et pourquoi n'avons-nous pas aboli ?
Je ne pense pas non plus que ce soit à cause du tempérament national. Les Français ne sont certes pas plus répressifs, moins humains que les autres peuples. Je le sais par expérience. Juges et jurés français savent être aussi généreux que les autres. La réponse n'est donc pas là. Il faut la chercher ailleurs. Pour ma part, j'y vois une explication qui est d'ordre politique. »

Structurons ces quelques arguments en idées fortes. Avant d'utiliser des techniques de mémorisation, il faut comprendre et donc dégager la structure du texte. Examinons les premières lignes de plus près. Quels éléments sont mis en avant ?

1. La France est **grande**
a. **Puissance**.
b. **Éclat** :
des **idées** ;
des **causes** ;
de la **générosité**.
c. **Première** en Europe à abolir la **torture**.
d. Parmi les premiers pays du monde à abolir l'**esclavage**.
e. L'un des **derniers** pays en Europe occidentale à abolir la peine de mort.

2. Pourquoi ce **retard** ?
a. Ce n'est pas en raison **du génie national**. Ceux qui ont soutenu la cause de l'abolition :
Hugo
Camus
Gambetta
Clemenceau
Jaurès
b. Ce n'est pas non plus à cause du **tempérament** national.

3. Explication d'ordre **politique**.

La méthode classique pour ce type d'enjeu est la méthode des lieux. C'est celle qu'utilisaient nos ancêtres. Mais nous pouvons également créer une histoire. Voici comment je m'y prendrais.

Occupons-nous d'abord de la structure principale. J'imagine un géant aux couleurs de la France («la France est grande»), un train en retard («pourquoi ce retard?») et l'Assemblée nationale («explication politique»). Nous obtenons ainsi facilement le récit d'un géant prenant un train pour se rendre à l'Assemblée. Rentrons maintenant dans les détails.

À quoi ressemble notre géant? Il est musclé, sûr de lui (idée de puissance). Sur son t-shirt éblouissant (éclat) est dessinée une ampoule (idées). Celle-ci se casse (causes) et déverse des liasses de billets (générosité). Notre géant porte par ailleurs dans ses bras, avec bienveillance, un Résistant affaibli (torture) et un esclave (esclavage). Un bourreau, tenant une guillotine (peine de mort), s'accroche à ses jambes. En pénétrant dans le train, il s'installe dans le wagon des génies. Cosette (Hugo), qui joue avec un petit camion (Camus) y avale une clémentine (Clemenceau) à la sauce gambas (Gambetta); pendant qu'il salive en regardant ce festin, un homme barbu tombe, shooté par un petit gremlin (Jean Jaurès a été assassiné par Raoul Villain le 31 juillet 1914).

«Tuuuuut!» siffle énergiquement le contrôleur en fronçant les sourcils, mains sur les hanches (quel tempérament!). Nous voici arrivés à l'Assemblée.

Comme toujours, l'histoire que j'ai choisie n'est qu'un exemple. Elle est par ailleurs très littérale. Pour quelqu'un qui connaît le texte initial, les principales chevilles argumentatives peuvent permettre de retrouver la suite.

Nous insisterons sur ce point dans le chapitre suivant : la mémorisation n'a de sens que si elle succède à la compréhension. Mais une fois le sens de l'organisation d'un propos assimilée, il est très simple de la restituer.

Apprendre un texte

Vous êtes sur une île déserte, seul(e) avec la femme ou l'homme que vous aimez. Ce scénario rêvé risque bientôt de se transformer en cauchemar. Pour des raisons bassement matérielles (la noix de coco ne contient pas tous les nutriments nécessaires à une alimentation saine et on ne vous a jamais appris à pêcher), mais aussi parce que l'enfer, c'est les autres. Si l'on se lasse du goût des baies, on s'épuise tout autant dans des conversations centrées sur des questions de survie.

Heureusement, vous connaissez vos classiques. L'un d'eux va vous sauver. Une des grandes déclarations d'amour de la littérature, une des plus célèbres aussi. On la trouve dans la scène 5 de l'acte II d'*On ne badine pas avec l'amour*, d'Alfred de Musset (1834), où Perdican déclare son amour à Camille.

UNE MÉMOIRE INFINIE

« Tous les hommes sont menteurs, inconstants, faux, bavards, hypocrites, orgueilleux et lâches, méprisables et sensuels ; toutes les femmes sont perfides, artificieuses, vaniteuses, curieuses et dépravées ; le monde n'est qu'un égout sans fond où les phoques les plus informes rampent et se tordent sur des montagnes de fange ; mais il y a au monde une chose sainte et sublime, c'est l'union de deux de ces êtres si imparfaits et si affreux. On est souvent trompé en amour, souvent blessé et souvent malheureux ; mais on aime, et quand on est sur le bord de sa tombe, on se retourne pour regarder en arrière ; et on se dit : "J'ai souffert souvent, je me suis trompé quelquefois, mais j'ai aimé. C'est moi qui ai vécu, et non pas un être factice créé par mon orgueil et mon ennui." »

De quoi se redonner un peu le moral pour les jours difficiles qui vous attendent.

Plus sérieusement, l'exercice du mot à mot est le plus ardu d'entre tous : chaque terme, chaque virgule est une source d'erreur possible. Mais, d'une certaine manière, le fait qu'il s'agisse d'une œuvre littéraire facilite le processus. Pourquoi cherche-t-on à apprendre des poésies par cœur ? Pour leur beauté. Pour avoir en soi matière à réconfort devant le trouble dans lequel nous jette parfois le monde. Pour ne plus être seul. Et cette beauté vient précisément du caractère évocateur de la langue. Un poème réactive, en lui-même, nos cinq sens. L'enjeu consiste donc, ici, à se montrer particulièrement attentif au texte. À le laisser imprégner notre imaginaire jusqu'à ce que les mots de l'auteur soient les nôtres.

Les stratégies de mémorisation permettent de retenir rapidement entre 60 et 80 % du texte. Pour le maîtriser entièrement, deux solutions s'offrent à vous : créer des images jusqu'à le baliser dans son ensemble. C'est un peu une usine à gaz, mais cette méthode peut convenir à certains. Ou bien répéter le texte, le vivre jusqu'à s'en imprégner.

Au bout d'un certain temps, vous allez oublier l'histoire que vous vous êtes créée et ne plus vous souvenir que du poème.

Reprenons notre déclaration d'amour. Je vous propose d'abord un détour classique par des images outrancières, quitte à déformer les propos de Musset (il ne nous en voudra pas, c'est pour la bonne cause).

Nous allons utiliser un mélange de SAC et de SEL pour mémoriser ce texte. Pour ce faire, nous allons créer une sorte de rébus, en décomposant des groupes de mots et en les transformant en images. Je vous souffle quelques idées au début mais vous laisse faire vous-même vos petits croquis.

UNE MÉMOIRE INFINIE

Tous les hommes sont menteurs

(Un nez qui s'allonge ?)

Inconstants

(Un roseau ?)

Faux

(Un mensonge ?)

Bavards

(Une bulle de BD ?)

Hypocrites

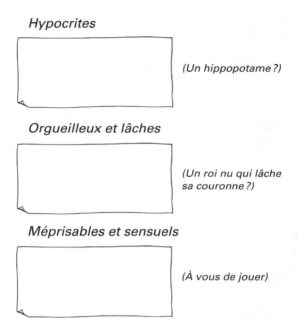

(Un hippopotame ?)

Orgueilleux et lâches

(Un roi nu qui lâche sa couronne ?)

Méprisables et sensuels

(À vous de jouer)

Le nez de Pinocchio se transforme en roseau. Il prend son autonomie et se met à parler et à fatiguer tout le monde – il raconte des bobards. La bulle contenant ses paroles (comme dans une bande dessinée) éclate sur le visage de l'hippopotame, qui, énervé, va se plaindre auprès du roi. Ce dernier se lève, joue avec sa couronne, affiche un air méprisant et jette sa couronne sur un canapé, dans lequel est installé un homme à la mine méchante, qui se fait caresser l'épaule.

Passons aux femmes, qui ne valent pas mieux :

Toutes les femmes sont perfides

Artificieuses

Vaniteuses

Curieuses et dépravées

La femme qui caressait l'épaule de l'homme allongé sur le canapé a une langue de serpent, grâce à laquelle elle allume un feu d'artifice (c'est une allumette!), qui dessine un crâne dans l'air. Ce crâne prend vie et se dirige vers une porte, regarde par le judas et voit une scène d'orgie.

Fermez les yeux et refaites-vous l'histoire.

Terminé? Surtout pas! Reconstruisez encore les images dans votre tête. Et restituez le texte.

Vous avez l'impression de trahir l'histoire de la littérature? Dans ce cas, pour la suite du passage choisi, revenez-en à la méthode traditionnelle, plus orthodoxe. Inspirez-vous directement du texte, en essayant d'outrer les mots de Perdican. Ce n'est pas simple : ce passage est assez théorique. Pour vous simplifier la tâche, je souligne les termes qui me paraissent pouvoir servir de pivots de mémorisation.

> «Le monde n'est qu'un **égout** sans fond où les **phoques** les plus informes rampent et se tordent sur des **montagnes de fange;** mais il y a au monde une chose sainte et sublime, c'est l'**union** de deux de ces êtres si **imparfaits** et si **affreux**. On est souvent **trompé** en amour, souvent **blessé** et souvent **malheureux;** mais on aime, et quand on est sur le bord de sa **tombe**, on se retourne pour regarder en arrière; et on se dit : "J'ai **souffert** souvent, je me suis **trompé** quelquefois, mais j'ai **aimé**. C'est moi qui ai **vécu**, et non pas un être **factice** créé par mon **orgueil** et mon **ennui**."»

C'est en mémorisant que l'on devient mnémoniste. L'inventivité règne en maître dans le processus de mémorisation. Amusez-vous, mélangez concaténations, palais de mémoire, SEL et SAC, inventez vos propres outils. Votre mémoire ne connaît d'autres limites que celles de votre imagination.

CHAPITRE 6

Oubliez d'oublier

Une fois que l'on a mémorisé les informations souhaitées, encore faut-il ne pas les laisser s'échapper. Comme nous allons le voir, le rythme de réactivation des savoirs acquis est un enjeu majeur. Qu'il s'agisse de retrouver un numéro de téléphone, un cours de bio, le nom d'une ville ou celui d'un tableau, que l'on cherche à se souvenir d'une structure générale ou d'un élément précis, prendre soin de sa mémoire consiste à la solliciter. Peu, mais à bon escient.

Voici les trois erreurs les plus fréquemment commises.

Apprendre de manière monolithique

Les étudiants que je forme travaillent souvent par blocs : ils consacrent le lundi aux maths, le mardi à la physique, le mercredi à l'histoire, etc. Et donc, ne reprennent leurs cours que la semaine suivante. Erreur cruciale ! Si les modèles d'explication concernant l'oubli sont assez peu aboutis et qu'il nous reste beaucoup à découvrir, nous nous sommes cependant aperçus que, dans l'idéal, il faudrait réactiver ses nouvelles connaissances une heure après le premier apprentissage, puis un jour, une semaine, un mois et six mois plus tard. Ces fréquences n'indiquent que des ordres de grandeur. Gardons à l'esprit que plus une information est récente, plus elle a besoin d'énergie pour être conservée.

Cela vous paraît long ? En vérité, ce principe nécessite au contraire un investissement minimal en termes de temps. Simple question d'organisation : au lieu de passer des heures sur un même sujet, il s'agit d'étaler les consolidations. Pour que vous le compreniez, battons en brèche une deuxième idée reçue, selon laquelle il faudrait relire ce que l'on a appris.

Relire

Il existe au moins quatre méthodes de révision (ou consolidation).

La plus efficace est la technique dite « libre ». Il s'agit de restituer, sans appui, ce que l'on a appris. Amusez-vous, là maintenant, à retrouver les Prix Nobel de littérature ou les sommets de chaque continent.

La deuxième fait appel à des indices. Elle consiste à poser des questions qui mettent sur la bonne voie. Par exemple, au moment de retrouver votre alphabet major système, je pourrais vous demander : « Quel est le point commun entre les lettres "d" et "t" ? » Bingo : la verticale. Vous retrouvez ainsi la correspondance avec le chiffre 1 qui vous avait échappée.

La troisième famille est dite de « reconnaissance ». Il s'agit de répondre à des QCM, autrement dit de choisir la bonne réponse parmi plusieurs propositions.

La quatrième famille, la simple relecture, est, elle, très peu efficace.

En tout cas quand elle est utilisée seule. Car rien n'empêche de faire appel à ces quatre techniques au cours d'une même réactivation. Je conseille souvent à mes stagiaires qui ont pris l'habitude de relire leur support de cours de prendre cinq minutes, juste avant, pour restituer tout ce dont ils se souviennent. L'intérêt est double : cela permet d'ancrer plus profondément les connaissances qu'ils parviennent à retrouver et de focaliser leur attention sur ce qu'il leur a échappé.

Si l'on est capable de réussir l'exercice du rappel libre, on n'éprouvera bien sûr aucune difficulté à restituer ses connaissances à partir d'indices, et encore moins à répondre à un QCM. L'inverse n'est pas vrai. C'est la raison pour laquelle nous échouons souvent à retrouver ce que nous avons lu la veille. Les connaissances se nichent quelque part en nous, mais nous ignorons le chemin qui permet d'y accéder, autrement dit le bon indice de récupération.

Les flash cards, un outil spécifique

Parmi les outils que j'utilise pour consolider ce que j'ai mémorisé figurent les flash cards (ou cartes), redoutables pour revoir du vocabulaire, des définitions ou plus généralement les idées-forces d'un propos. Sur une petite fiche cartonnée (ou un Post-it), notez d'un côté la question, de l'autre la réponse, à la manière d'un quiz.

Le format numérique convient tout aussi bien. Je vous ai d'ailleurs préparé l'ensemble des cartes correspondant aux exemples présentés dans ce livre. En vous rendant sur mon site (www.sebastien-martinez.com/bonus-du-livre), vous pourrez télécharger les cartes qui vous permettront de réviser ce que vous avez appris dans ce livre.

Faire une pause quand on sent qu'on en a besoin (c'est-à-dire quand on n'en peut plus)

Les étudiants que je rencontre dans le cadre de mon activité de formateur sont tous très surpris par le nombre important de pauses que je programme. Le plus souvent, chez eux, ils travaillent une heure ou deux, puis prennent un break d'une vingtaine de minutes. C'est du moins ce qu'ils prévoient... Car il n'est pas rare qu'ils rallongent ce temps de cinq minutes, puis de cinq autres minutes... sans jamais s'y remettre (« À cette heure-là, ça n'aurait plus de sens ! »). Et s'ils parviennent à se remettre à leur bureau, la moindre mouche qui vole les déconcentre.

Ce découragement s'explique très bien. Regardons de plus près la courbe de notre attention. Nous avons une première phase d'« échauffement », puis nous entrons dans un état de grâce où notre investissement est maximal. La chute de la concentration intervient au bout de vingt à cinquante minutes, selon les personnalités. Alors, tout s'effondre : le temps commence à sembler long... très long.

C'est en général à ce moment-là que l'on décide de se lever pour aller faire un tour.

Erreur classique. Pour être efficace, il faudrait au contraire s'arrêter à l'acmé de notre concentration, juste avant qu'elle ne commence à redescendre. Pourquoi s'arrêter au meilleur moment, telle une star de cinéma qui vient pourtant de tourner le film qui marquera sa carrière ?

En vous reposant lorsque vous êtes au sommet de la courbe, vous aurez davantage d'énergie quand vous vous remettrez à l'ouvrage. Et limiterez grandement la baisse d'attention. Rappelez-vous que travailler une heure à dix pour cent de vos capacités d'attention revient à travailler six minutes en étant pleinement concentré. Par ailleurs, ce rythme permet de garder son enthousiasme intact. Imaginez que vous vous promenez dans la savane avec un ami (à ce stade du livre, vous n'êtes plus à un tel scénario près!). Un lion surgit et dévore votre ami. Vous êtes désarmé. Comment réagissez-vous ? Selon toute probabilité, vous fuyez à toutes jambes. Si, un peu plus tard, vous apercevez un autre lion au loin, et malgré le fait que vous êtes cette fois-ci armé, qu'allez-vous faire ? La même chose : vous éloigner le plus possible de ce que vous considérez désormais (et à raison !) comme un danger majeur.

De la même manière, en cessant de travailler au moment où vous vous sentez le plus mal, vous restez sur une expérience négative. Tous les prétextes seront alors bons pour ne pas vous y remettre. Si, au contraire, vous vous arrêtez au plus fort de votre excitation, vous allez vous sentir frustré et votre pause sera par conséquent plus courte.

Pour ne pas déroger à cette règle, j'utilise la technique dite du Pomodoro, développée par Francesco Cirillo dans les années 1980. Elle consiste à travailler pendant vingt-cinq minutes en supprimant toutes les sources de distractions (smartphone, ordinateur, etc.) avant de prendre cinq minutes de pause, montre en main. Le temps de se servir un café ou de se dégourdir les jambes. Après quatre sessions de ce type (vingt-cinq minutes puis cinq minutes de répit), vous pouvez vous octroyer une troisième pause d'un quart d'heure. Bien entendu, ce cycle est reproductible à l'envi.

Apprendre à apprendre

Motivation, compréhension, mémorisation, ancrage. Telles sont les quatre grandes phases de l'apprentissage. J'ai essentiellement parlé ici de mémorisation… Mais elle ne se conçoit pas sans les autres parties du cycle. L'un de mes grands chevaux de bataille concerne l'éducation. Comment se fait-il que ces techniques ne soient pas enseignées dans le cadre scolaire ? En ayant les bons outils cognitifs au bon moment, les élèves gagneraient un temps précieux… Et pourraient se concentrer sur l'essentiel : la compréhension.

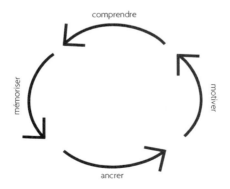

Quelques questions que vous vous posez peut-être...

Vous avez sans doute des milliards de questions. Voici mes réponses à celles que l'on me pose le plus souvent. Si vous ne trouvez pas votre bonheur, n'hésitez pas à vous rendre sur mon site (www.sebastien-martinez.com) ou à me contacter directement à cette adresse : livre@sebastien-martinez.com

Je vais mélanger toutes ces histoires !

C'est une des remarques qui reviennent le plus souvent. Dans les faits, si vous vous prenez de passion pour les arts de mémoire et que vous commencez, avec le légendaire allant du débutant, à en inventer des centaines chaque jour, il est probable que vous ne soyez pas suffisamment aguerri pour les différencier les unes des autres. Vous vous mélangerez sans doute les pinceaux. Si, en revanche, vous y allez progressivement, en commençant par y consacrer dix minutes par jour avant d'augmenter le rythme au fur et à mesure, ce ne sera pas le cas.

N'oubliez pas que votre imagination est sans limites. Or c'est elle que vous sollicitez ici. Par ailleurs, les histoires fantaisistes que vous avez échafaudées vont s'estomper au fil du temps. Vous conserverez les informations et n'aurez plus besoin des indices de réactivation.

OUBLIEZ D'OUBLIER

Comment retenir ce que je lis ?

Tout dépend à quel type de lecture vous pensez.

Pour mémoriser des essais ou des textes techniques, tels les polys de fac, il va d'abord falloir les comprendre et rédiger des fiches de synthèse efficaces. Ensuite, vous pourrez appliquer les méthodes exposées à la fin du chapitre cinq. Pourquoi ne pas vous entraîner avec la table des matières du livre que vous avez entre les mains ?

Quant aux œuvres de fiction, inutile de passer par cette phase intermédiaire. Le plus souvent, les livres vous aspirent et vous immergent dans leur univers. Donnez vie aux personnages. Amplifiez votre synesthésie. Plus vous mettrez de vous-même dans votre lecture, plus vous encoderez les informations. Je vous propose de vous prêter au jeu avec la description de Julien Sorel par Stendhal *(Le Rouge et le Noir)* :

> « Il avait les joues pourpres et les yeux baissés. C'était un petit homme de dix-huit à dix-neuf ans, faible en apparence, avec des traits irréguliers, mais délicats, et un nez aquilin. De grands yeux noirs, qui, dans les moments tranquilles, annonçaient de la réflexion et du feu, étaient animés en cet instant de l'expression de la haine la plus féroce. »

Demain, essayez de vous représenter Julien Sorel. Si vous avez fait appel à vos cinq sens en vous penchant sur cette description, vous devriez lui avoir donné les traits uniques de votre imagination.

Si votre lecture a un caractère utilitaire, pensez à faire des pauses fréquemment et « rejouez » ce que vous venez de lire dans votre tête.

Vous trouvez cette méthode trop facile ? Vous pouvez également, avant de commencer votre lecture, lister le nombre de chapitres pour construire un palais de mémoire adéquat. À la fin de chaque chapitre, déposez-y mentalement un indice qui vous rappellera les moments-clés du texte.

Dans tous les cas, pas de mystère : pour vous souvenir à vie du livre en question, il vous faudra réactiver régulièrement vos souvenirs (*cf.* le début du chapitre).

Manger du poisson,
c'est bon pour la mémoire !

L'alimentation a un impact sur notre mémoire, c'est indéniable. Mais c'est loin d'être le paramètre le plus important. Prenez un sportif de haut niveau. Avant d'être suivi par un diététicien et de s'intéresser à son alimentation, il va se plier à un entraînement régulier, améliorer sa condition physique, sa technique, son matériel, son mental. Il en est de même pour votre mémoire. Avant de choisir un régime particulier, je vous invite à vous entraîner en vous lançant des défis (voir la fin du chapitre).

OUBLIEZ D'OUBLIER

Comment ne pas oublier de sortir les poubelles?

Ah, l'épineux problème des poubelles, que l'on pense toujours à sortir au mauvais moment... lorsque l'on est déjà en pyjama ou au bureau. La prochaine fois que cela vous arrive, essayez d'imaginer le moment où vous voulez vous rappeler de le faire. Où serez-vous? Chez vous, en train d'ouvrir la porte? Dans ce cas, représentez-vous cette porte et placez l'indice qui vous permettra d'y penser à proximité. Imaginez par exemple que la poignée colle et que vous découvrez, horrifié, qu'elle est pleine de chewing-gum...

La prochaine fois que vous passerez le seuil, vous devriez vous diriger tout droit vers le local des poubelles.

La capacité à raisonner n'a rien à voir avec la mémoire!

Certes. Mais elles sont intimement liées. Les raisonnements s'appuient en effet sur des liens logiques, mais ne prennent corps qu'appliqués à des connaissances. Si vous savez qu'une 2CV est une voiture, vous savez qu'une 2CV a des freins. C'est une autre application du célèbre syllogisme suivant: «Tous les hommes sont mortels, or Socrate est un homme, donc Socrate est mortel.» Plus vos connaissances sont importantes, plus vos analogies seront naturelles et plus vous serez à même de comprendre et d'analyser le monde qui vous entoure.

Plus on vieillit, plus il est difficile d'avoir une bonne mémoire

Je mentirais en prétendant que l'âge n'a aucune incidence sur notre mémoire. Mais elle n'est pas si importante qu'on le pense – à l'exception bien sûr des cas pathologiques mettant à mal nos capacités cognitives. Pourquoi, alors, les personnes âgées se plaignent-elles si souvent d'avoir une mémoire défaillante ? Je suis convaincu que le principal facteur n'est pas l'âge. Reprenons notre analogie de la toile d'araignée. Plus nous apprenons, plus elle se développe et plus il est facile de créer des liens avec de nouvelles informations. Or nous n'avons pas une, mais de nombreuses toiles d'araignée, chacune étant spécialisée (sport, activité professionnelle, famille, etc.). Lorsque nous investissons un nouveau domaine, nous repartons avec une petite toile. C'est un exercice difficile, quel que soit l'âge. Mais à vingt ans, cela nous semble moins ardu, du simple fait que nous sommes débutants à peu près partout. À soixante ans, nous maîtrisons de nombreux champs de compétence et repartir de zéro nous paraît insurmontable... Le sentiment d'avoir été performant est donc, à mon sens, une illusion !

Est-ce que si on a un esprit matheux, on a des chances d'avoir une meilleure mémoire ?

Mémoriser consiste à créer des liens. Ces liens peuvent être réalistes (historiques, par exemple), logiques ou complètement loufoques. Si un esprit rompu à la logique mathématique maîtrise davantage les syllogismes, l'âme créative forgera mille liens narratifs qui ne parleront qu'à elle… La meilleure recette étant d'utiliser les multiples possibilités offertes par notre cerveau.

Ces techniques sont complètement farfelues, c'est stupide de s'éloigner à ce point de ce que l'on cherche à retenir !

C'est probablement la réticence la plus fréquemment exprimée. En vérité, si je me concentre, dans ce livre, sur les stratégies de mémorisation, elles n'ont pas de sens en dehors d'un processus de compréhension. Autrement dit, elles sont là pour réactiver des souvenirs que vous avez déjà en vous. Elles vous indiquent le bon chemin, c'est-à-dire le plus *mémorable*. En faisant de Clemenceau une clémentine, je ne considère pas vraiment Clemenceau comme une clémentine ! Simplement, le fruit me permet de retrouver le nom, dans un contexte donné. Et si je suis féru d'histoire et que je déteste les fruits, je peux tout à fait penser à Clemenceau pour retrouver le mot « clémentine »… Bref, c'est un jeu déclinable à l'infini.

UNE MÉMOIRE INFAILLIBLE

Très vite, le lien fictionnel va disparaître et vous saurez simplement que Robert Badinter, dans son discours contre la peine de mort, cite Clemenceau comme l'un des hommes qui ont fait la grandeur de la France.

C'est beaucoup trop compliqué, on perd du temps au lieu d'en gagner!

Ce n'est pas faux si vous souhaitez mémoriser cinq éléments dont vous allez avoir besoin cinq minutes plus tard : farine, œufs, beurre, sucre, pommes (et encore, vous ne retiendrez ces ingrédients qu'en pensant à la recette du gâteau que vous vous apprêtez à faire!). Dès que l'enjeu dépasse le très court terme, ces techniques permettent de gagner du temps. Et si, lorsque l'on est débutant, l'investissement initial est réel, il permet cependant de raccourcir considérablement le temps de réactivation. Cet investissement est rentabilisé dès que l'on s'est un peu entraîné.

Si vous vous êtes plié aux petits exercices de ce livre, vous savez que ce que l'on retient en associant ses cinq sens reste bien plus longtemps dans votre mémoire. Il est beaucoup plus rapide et plus efficace de créer une petite histoire ou un palais de mémoire que de répéter, en vain, des informations qui glisseront chaque fois sur notre esprit, sans jamais véritablement l'imprégner.

*Est-il vrai que nous n'utilisons
que 10 % de notre cerveau ?*

On me pose cette question à chacune de mes interventions. Elle suppose que certaines parties de notre cerveau resteraient inactivées. Or nous savons aujourd'hui, grâce aux techniques d'imagerie telles que l'IRM, que toutes nos aires cérébrales sont utilisées.

Imaginons que je vous demande de courir le plus vite possible. Vous êtes à bout de souffle, vos muscles sont contractés, à la limite de la crampe. Si je vous dis que vous n'avez utilisé que 10 % de vos muscles, vous allez me rire au nez – et à raison. Et pourtant, si vous vous entraînez régulièrement, vous courrez bientôt plus vite, vous gagnerez en souffle, vous vous sentirez plus à l'aise. Il en est de même avec notre cerveau : nous utilisons 100 % de nos aires cérébrales, mais plus nous les sollicitons, plus nous travaillons nos capacités mentales, plus cela nous paraît facile.

Quelques défis

Avez-vous déjà vu une forêt au printemps ? Le vert clair des jeunes pousses, le rouge des fleurs qui se fraient un chemin vers le soleil, l'odeur de bois mouillé, le chant délicat des oiseaux... Une explosion des sens. Considérez votre mémoire comme une forêt qui s'éveille. Et pour l'aider à s'étirer, à occuper l'espace autour d'elle, elle a besoin que vous preniez soin d'elle. Consacrez-lui de petites attentions; elle saura vous le rendre au centuple.

La « réserve cognitive » est l'une des seules façons connues à ce jour de se protéger contre les maladies neuro-dégénératives. On sait ainsi qu'en moyenne, les personnes bilingues sont atteintes plus tard que celles qui ne parlent qu'une langue. Vous pouvez nourrir cette réserve cognitive tout au long de votre vie. Rappelez-vous que contrairement à ce que nous avons longtemps pensé, nous avons tous, à tout âge, la capacité de créer de nouvelles connexions neuronales, et même de nouveaux neurones... Voici une liste – non exhaustive ! – de défis que vous pouvez facilement relever :

- retenir la liste qui suit;
- participer à un championnat de mémoire (même les débutants sont acceptés);
- mémoriser les mille premières décimales de pi;
- apprendre mille mots d'une langue qui vous est inconnue;
- mémoriser 110 dates historiques (mes élèves mettent moins d'une semaine pour y parvenir);
- mémorisez tous les pays et capitales du monde, en sachant les replacer sur une carte;
- apprendre le tableau périodique des éléments;
- mémoriser tous les muscles et os du corps humain;
- apprendre à dire « je t'aime » en cent langues différentes.

CONCLUSION

Un art de l'attention

Notre voyage dans le monde fabuleux de la mémoire est terminé. Pour vous, il ne fait que commencer.

Nous avons vu de nombreuses méthodes, de multiples exemples, plus ou moins faciles. Mais mon ambition sera comblée si vous avez retenu les deux points suivants : mémoriser, c'est créer de nouveaux liens ; et personne ne naît mnémoniste : c'est le fruit d'un entraînement. Il n'y a pas de secrets, pas de génies – ou plutôt, nous sommes tous des génies potentiels.

Pour devenir champion de France de la mémoire, je peux en témoigner, il suffit de connaître les bonnes stratégies et de s'entraîner. C'est à la fois simple et compliqué à une époque qui promeut le « multitasking » (le fait de faire plusieurs choses en même temps) et la surconnexion. Entre le téléphone qui vibre à la moindre alerte, les sonneries des mails qui interrompent un moment de concentration, sans parler du pire ennemi de la mémoire, nos machines que nous faisons penser à notre place... Qui a gardé le réflexe de s'interroger soi-même avant de chercher la réponse à une question sur Internet?

L'art de mémoire est un art de l'attention. C'est en cela, aussi, qu'il est urgent de l'enseigner.

Prenez une feuille blanche et fixez-la du regard. Comment allez-vous réagir? Probablement en pensant à mille choses. Placez désormais un simple point noir dessus. C'est lui qui va canaliser votre attention. Notre concentration a besoin d'un guide. Les écrans sont de véritables aspirateurs à attention. Pour les contrer, nous avons besoin de guides aussi attractifs. L'art de mémoire en est un. En nous permettant de focaliser notre attention sur un objectif de plus en plus précis, il nous aide à la développer dans mille autres circonstances. Il nous permet de gagner en concentration, et donc en sérénité. Il nous aide à ne plus nous disperser. À retrouver notre autonomie. Et donc notre confiance en nos propres capacités.

Avoir une bonne mémoire n'est pas une finalité en soi. Il ne s'agit que d'un moyen vers une existence plus sereine. L'art de mémoire, à l'instar de l'hypnose, du yoga ou de la sophrologie, aide à se

CONCLUSION

recentrer, à être présent à l'instant. Il nous invite à aller chercher en nous-mêmes ce après quoi nous courons en vain.

POUR ALLER PLUS LOIN

Livres

Jesper Gaarskjaer et Troels Donnerborg, *L'Homme qui se souvient de tout,* préface de Sébastien Martinez, Premier Parallèle, 2015.

Rhétorique à Hérennius. Le plus ancien livre connu faisant mention des stratégies de mémorisation.

Alain Lieury, *Le Livre de la mémoire*, Dunod, 2013. Une chronologie des différentes découvertes portant sur la mémoire, de l'Antiquité aux neurosciences.

Frances Yates, *L'Art de la mémoire*, trad. de l'anglais par Daniel Arasse, Gallimard, Bibliothèque des Histoires, 1987 (première édition 1975).

Jacques Roubaud, Maurice Bernard, *Quel avenir pour la mémoire?*, Gallimard, coll. «Découvertes», 1997. Jacques Roubaud, écrivain et poète, est également l'auteur de *L'Invention du fils de Leoprepes, poésie et mémoire*, Circé, 1993.

Sites Internet

ankisrs.net : logiciel de flash cards. Je vous ai préparé les exemples du livre. Vous pouvez les récupérer directement sur mon site : www.sebastien-martinez.com/ bonus-du-livre/

artofmemory.com : site (en anglais) qui rassemble probablement la plus grande communauté d'athlètes de la mémoire.

arsmemoriae.fr : site officiel des championnats de France.

memrise.com : site (en anglais) spécialisé dans l'apprentissage des langues, développé par Ed Cooke, ancien athlète de la mémoire britannique.

world-statistic-memory.com

Compétitions

arsmemoriaefr.com : le site officiel des championnats de France de mémoire.

www.world-memory-statistics.com : le site officiel des championnats du monde. Vous trouverez toutes les compétitions à venir et les différents records.

www.memocamp.com : site allemand utilisé par les athlètes pour s'entraîner avant les compétitions. La version complète est payante.

www.extrememomorytournament.com : il s'agit d'un nouveau format de compétition venu des États-Unis en 2014. Il repose sur un système d'épreuves courtes d'une minute et de duels.

POUR ALLER PLUS LOIN

Jeux de société

Dixit : jeu créé en 2008 par Jean-Louis Roubira et illustré par Marie Cardouat (éditions Libellud).

Booster sa mémoire : jeu de cartes que j'ai développé. Très utile pour ceux qui veulent maîtriser leur grand système (matrice de chiffres et images). Disponible sur mon site : www.sebastien-martinez.com

Timeline : créé par Frédéric Henry (éditions Asmodee), il consiste à jouer avec des dates historiques amusantes.

Chronicards : ce jeu permet de jouer avec des dates historiques plus « sérieuses » portant sur divers thèmes (éditions On the Go).

REMERCIEMENTS

Tout d'abord merci à mes deux éditrices Amélie et Sophie, des femmes d'exception (!) sans qui ce livre n'aurait jamais vu le jour. À Katia et Denis, mes parents, qui me soutiennent quotidiennement, à Florie, ma dame de cœur pour sa patience, à Stefy, Pierre et Élisa, pour leur humour.

À Mikado, mon plus grand supporter.

À M. Joël et à Nicole, sans qui je ne serais pas le formateur que je suis devenu.

À tous les éducateurs qui m'ont permis d'être là aujourd'hui, M. Bottex, M. Garrido, Maurice...

À tous les relecteurs pour leur temps, Chloé, Frédérique, Julia, Ivan.

À Françoise-Marie, pour sa persévérance, et à tous les athlètes de la mémoire, Jérôme, Julie, Pierre, Bruno, Timothée, Sandrine, Melwy... qui incarnent cette discipline de l'esprit.

Merci à Michel pour sa bienveillance. Et à tous ceux que j'oublie (moi aussi j'ai le droit d'oublier!).

UNE MÉMOIRE INFAILLIBLE

Merci à tous ceux que je rencontre et qui incarnent les valeurs de bienveillance, passion et excellence. Merci à vous qui êtes arrivé jusqu'ici. Merci de partager ces nouvelles connaissances.

TABLE

Préface 7

Introduction 11

Chapitre 1
La méthode du SEL 27

Chapitre 2
La mémoire est dans le SAC 41

Chapitre 3
Bienvenue dans votre palais de mémoire 63

Chapitre 4
Créer son propre langage 87

Chapitre 5
Une mémoire infinie 119

Chapitre 6
Oubliez d'oublier 161

Conclusion
Un art de l'attention 177

Pour aller plus loin 181

Remerciements 185

Le Livre de Poche s'engage pour l'environnement en réduisant l'empreinte carbone de ses livres. Celle de cet exemplaire est de :
350 g éq. CO$_2$
Rendez-vous sur
www.livredepoche-durable.fr

PAPIER À BASE DE
FIBRES CERTIFIÉES

Composition réalisée par PCA

Achevé d'imprimer en mars 2018, en France sur Presse Offset par
Maury Imprimeur – 45330 Malesherbes
N° d'imprimeur : 225731
Dépôt légal 1re publication : avril 2018
LIBRAIRIE GÉNÉRALE FRANÇAISE – 21, rue du Montparnasse – 75298 Paris Cedex 06

71/4312/7